essentials

essentials liefern aktuelles Wissen in konzentrierter Form. Die Essenz dessen, worauf es als „State-of-the-Art" in der gegenwärtigen Fachdiskussion oder in der Praxis ankommt. *essentials* informieren schnell, unkompliziert und verständlich

- als Einführung in ein aktuelles Thema aus Ihrem Fachgebiet
- als Einstieg in ein für Sie noch unbekanntes Themenfeld
- als Einblick, um zum Thema mitreden zu können

Die Bücher in elektronischer und gedruckter Form bringen das Expertenwissen von Springer-Fachautoren kompakt zur Darstellung. Sie sind besonders für die Nutzung als eBook auf Tablet-PCs, eBook-Readern und Smartphones geeignet. *essentials:* Wissensbausteine aus den Wirtschafts-, Sozial- und Geisteswissenschaften, aus Technik und Naturwissenschaften sowie aus Medizin, Psychologie und Gesundheitsberufen. Von renommierten Autoren aller Springer-Verlagsmarken.

Weitere Bände in der Reihe http://www.springer.com/series/13088

Roland Pfennig · Erik Müller-Schoppen

Nachhaltigkeitsmanagement für Führungskräfte

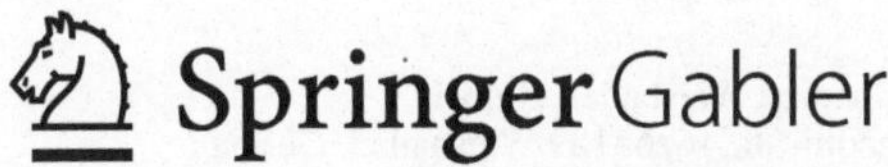
Springer Gabler

Roland Pfennig
Heilbronn, Deutschland

Erik Müller-Schoppen
Böklund, Deutschland

ISSN 2197-6708   ISSN 2197-6716   (electronic)
essentials
ISBN 978-3-658-20394-8   ISBN 978-3-658-20395-5   (eBook)
https://doi.org/10.1007/978-3-658-20395-5

Die Deutsche Nationalbibliothek verzeichnet diese Publikation in der Deutschen Nationalbiblio-
grafie; detaillierte bibliografische Daten sind im Internet über http://dnb.d-nb.de abrufbar.

Gedruckt auf säurefreiem und chlorfrei gebleichtem Papier

Springer Gabler ist Teil von Springer Nature
Die eingetragene Gesellschaft ist Springer Fachmedien Wiesbaden GmbH
Die Anschrift der Gesellschaft ist: Abraham-Lincoln-Str. 46, 65189 Wiesbaden, Germany

Was Sie in diesem *essential* finden können

- Grundlagen der Nachhaltigkeit
- Wissenschaftliche Ansätze für nachhaltiges Wirtschaften
- Psychologische Gründe für das Scheitern der Nachhaltigkeitsidee
- Wichtige Grundlagen der Führungspsychologie
- Hinweise für die Integration von Coaching in die Führungsarbeit

Vorwort

Wie kommt es dazu, dass ein Staat, der seit vielen Jahren eine umfassende Nachhaltigkeitsstrategie verfolgt, zu den größten Waffenexporteuren zählt, dass einer der größten und nachhaltigsten Automobilhersteller der Welt für den bislang größten Betrugsfall hinsichtlich Abgasen verantwortlich ist, dass der Bischof einer der großen christlichen Kirchen sich mit millionenschwerem Prunk umgibt, dass ehemalige Minister, kurz nachdem sie aus ihrem Amt geschieden sind, an hoch dotierten Stellen in der Industrie sitzen, um als Lobbyisten tätig zu werden, dass große Handelsunternehmen mit viel Geld Nachhaltigkeitslabels für ihre Produkte kaufen, wohlwissend, dass diese nichts taugen, sondern oft mit Schmiergeld erworben werden, währenddessen die Produkte weiter unter menschenunwürdigen Bedingungen gefertigt werden?

Werden die Verantwortlichen zur Rede gestellt, wird zunächst geleugnet, verharmlost, gelogen oder es werden Ausflüchte gesucht. Häufig werden auch andere dafür verantwortlich gemacht: der Mitbewerber, der das ähnlich mache; der Staat, der zu viel Steuern verlange; der Kunde und Wähler, der alles billig haben wolle; oder generell „der Markt", der ein solches Verhalten verlange. Hinter allem aber – dem Mitbewerber, dem Staat, dem Markt – steht immer ein Mensch.

Eigentlich wäre es so einfach, konsequent zu sein, denn es gibt klare Prinzipien, Regeln und Gesetze, und wo nötig noch einen „gesunden Menschenverstand", worunter man eine ethisch-moralische Grundausstattung verstehen kann.

Gerade Menschen in Führungspositionen sind besonders empfänglich für ethische Verfehlungen. Das ist natürlich eine schwere Behauptung. Belegt wird dies allerdings nicht nur durch das Faktische, sondern auch durch aktuelle Forschungen im Bereich der Führungspsychologie. Demnach sind Führungskräfte überdurchschnittlich psychisch auffällig und: Das ist gut so. Nur wenn Menschen sich gerne exponieren und ihren Erfolg vor anderen präsentieren wollen, werden sie in ihrer Rolle auch erfolgreich sein. Genau dieses machen sich Unternehmen zunutze. Wenn allerdings die Grenze zu einem gesunden Narzissmus überschritten wird, besteht die Gefahr, dass sich die zunächst positiven Auswirkungen für das Unternehmen, die darin arbeitenden Menschen und die Umwelt ins Negative umkehren.

Da diese Führungskräfte häufig gegen Kritik immun sind, selbstherrliche Züge entwickeln, generell die Fehler bei anderen oder den „Umständen" suchen oder Entschuldigungen für ihre Ausnahmesituation haben, helfen hier entweder nur eine spontane Selbsterkenntnis oder aber ein Coach, der einen angemessenen Zugang findet, um einen Perspektivenwechsel herbeizuführen.

Konsequentes Verdrängen, Lügen, nach Entschuldigungen suchen, Verantwortung leugnen usw. sind Verhaltensweisen neurotisch gestörter Menschen. Deshalb bedarf es auch eines psychologischen Hebels, um diese Störungen zu entlarven. Eine Möglichkeit dafür besteht in der Schulung in Menschenkenntnis und letztlich der Selbsterkenntnis.

Das *essential* folgt diesem roten Faden und zeigt zunächst Ansatzpunkte für eine nachhaltige Entwicklung auf. Danach werden die Hemmnisse auf Basis der aktuellen führungspsychologischen Forschung dargestellt, um schließlich die psychologischen Grundlagen zu schaffen und um den Mindset mehr in Richtung nachhaltige Entwicklung zu schärfen. Adressaten sind in erster Linie Nachhaltigkeits- und CSR-Verantwortliche, aber auch generell Führungskräfte, die mehr Verständnis für ihre eigene Rolle in volatilen Zeiten schaffen wollen.

Roland Pfennig
Erik Müller-Schoppen

Inhaltsverzeichnis

Warum Nachhaltigkeit so schwierig ist 1

1.1 Grundidee der Nachhaltigkeit

Die erste eindeutige Erwähnung des Begriffes „Nachhaltigkeit" wird Carl von Carlowitz im Jahre 1732 zugewiesen. In seinem Werk „Sylvicultura Oeconomica – Haußwirthliche Nachricht und Naturmäßige Anweisung zur wilden Baum-Zucht" forderte er eine „beständige und nachhaltende Nutzung des Waldes". Kurz gesagt: Es dürfen nicht mehr Bäume abgeholzt werden, als die übrigen Bäume in der Lage sind, Holz nachzubilden. Damit hat der sächsische Oberberghauptmann, der auch für die Wälder zuständig war, bereits damals von der Übernutzung nachwachsender Ressourcen, Ressourceneinsparung und Ersatzstoffen und einem Minimumstandard der Gerechtigkeit auf Staatsebene gesprochen, aber noch nicht über Wachstumsgrenzen generell oder über globale Verteilungsgerechtigkeit.

Dies tat die norwegische Politikerin Brundtland, die den Vorsitz der World Commission on Environment and Development (Brundtland-Kommission) der Vereinten Nationen innehatte und dort ein weit gefasstes politisches Konzept für nachhaltige Entwicklung entwickelte. Der Brundtland-Bericht der Kommission „Our Common Future" wurde im April 1987 veröffentlicht und enthielt dezidiert die Forderung nach Generationengerechtigkeit und die Forderung nach einer umfassenden Verhaltensänderung. Hier kam also zur „Nachhaltigkeit" die „Entwicklung" hinzu, womit dann insgesamt die Nachhaltige Entwicklung als eine Entwicklung definiert wurde, „die den Bedürfnissen der heutigen Generation entspricht, ohne die Möglichkeiten künftiger Generationen zu gefährden, ihre eigenen Bedürfnisse zu befriedigen und ihren Lebensstil zu wählen" (Nachhaltigkeitslexikon 2017).

Im Jahre 1992 fand die Konferenz der Vereinten Nationen über Umwelt und Entwicklung („Erdgipfel") in Rio de Janeiro statt. Sie gilt als Meilenstein für die Integration von Umwelt- und Entwicklungsbestrebungen. Hier wurden die

© Springer Fachmedien Wiesbaden GmbH 2018
R. Pfennig und E. Müller-Schoppen, *Nachhaltigkeitsmanagement für Führungskräfte*, essentials, https://doi.org/10.1007/978-3-658-20395-5_1

Umweltfragen in einem globalen Rahmen diskutiert. Das wichtigste Ergebnis war die sogenannte Agenda 21, ein Leitpapier zur nachhaltigen Entwicklung unter Berücksichtigung von Ökologie, Ökonomie und Sozialem.

Dieses Dreisäulenmodell geht von der Vorstellung aus, dass Nachhaltige Entwicklung nur durch das gleichzeitige und gleichberechtigte Umsetzen von umweltbezogenen, sozialen und wirtschaftlichen Zielen erreicht werden kann, weil nur so sowohl die ökologische als auch die ökonomische und die soziale Leistungsfähigkeit einer Gesellschaft sichergestellt und verbessert werden kann. Die drei Aspekte bedingen sich dabei gegenseitig.

Dies führt eben zu diesen häufig immer noch genannten klassischen Definitionen der Nachhaltigen Entwicklung:

▶ Ökologische Nachhaltigkeit: orientiert sich am ursprünglichen Gedanken, keinen Raubbau an der Natur zu betreiben. Ökologisch nachhaltig ist eine Lebensweise, die die natürlichen Lebensgrundlagen nur in dem Maße beansprucht, wie diese sich regenerieren.

Ökonomische Nachhaltigkeit: Eine Gesellschaft sollte wirtschaftlich nicht über ihre Verhältnisse leben, da dies zwangsläufig zu Einbußen der nachkommenden Generationen führen würde. Allgemein gilt eine Wirtschaftsweise dann als nachhaltig, wenn sie dauerhaft betrieben werden kann.

Soziale Nachhaltigkeit: Ein Staat oder eine Gesellschaft sollte so organisiert sein, dass sich die sozialen Spannungen in Grenzen halten und Konflikte nicht eskalieren, sondern auf friedlichem und zivilem Wege ausgetragen werden können.

1.2 Nachhaltigkeitsausprägungen

Das klassische Modell der Nachhaltigen Entwicklung (s. o.) ist nicht unumstritten, hat sich aber dennoch als gängiges Modell zur Veranschaulichung durchgesetzt. Bei der Bewertung von verschiedenen Nachhaltigkeitsmodellen wird zwischen schwacher und starker Nachhaltigkeit unterschieden. Als schwache Nachhaltigkeit bezeichnet man die Vorstellung, dass natürliche Ressourcen („Naturkapital") durch Human- und Sachkapital ersetzt werden können. Das heißt, die Ökologie wird gleichwertig betrachtet wie die Ökonomie und die soziale Dimension (vgl. Nachhaltigkeitslexikon 2017, s. Abb. 1.1).

Viele Experten sind der Meinung, dass die natürlichen Ressourcen die Grundvoraussetzung für alle anderen Entwicklungsfelder bilden. Deshalb müsse man eine starke Nachhaltigkeit entwickeln. Als starke Nachhaltigkeit wird der Ansatz bezeichnet, in dem die Ökologie über die anderen Dimensionen, also Ökonomie, Kultur, Soziales, gestellt wird, da sie die Grundlage für diese darstellt. Das Naturkapital

Abb. 1.1 Nachhaltigkeit: Dreiklangmodell. (vgl. Pufé 2017, S. 112)

kann nicht durch ein anderes Kapital ersetzt werden (Wirtschaftslexikon 2017). Um diese besondere Rolle der Ökologie besser darstellen zu können, wurde das gewichtete Säulenmodell entwickelt (s. Abb. 1.2). Hier werden die drei Säulen durch Ökonomie, Kultur und Soziales gebildet. Diese drei Säulen stehen auf dem Fundament Natürliche Ressourcen/Klima. Die Gewichtung des Modells hin zur Ökologie bzw. den natürlichen Ressourcen soll die Wichtigkeit dieses Themas hervorheben. Die drei Themenfelder der Ökonomie, Kultur und Soziales bauen auf der Ökologie auf, denn sie sind direkt von natürlichen Ressourcen und dem Klima abhängig (Nachhaltigkeitslexikon 2017).

Auch eine Art „mittlere Nachhaltigkeit" hat sich herausgebildet. Sie fußt auf der Erkenntnis, dass eine gesunde und funktionsfähige Umwelt bestehen muss, damit sich darauf adäquate Gesellschaftsformen mit sozialen Strukturen bilden können, um darauf wiederum ökologische Strukturen entwickeln zu können. Das als „Nested View" bezeichnete Modell (s. Abb. 1.3) wird von manchen Unternehmen als Teil der Unternehmensphilosophie präsentiert.

Es leuchtet insbesondere nach Betrachtung der sozialen und ökimischen Auswirkungen von Umweltkatastrophen ein, dass einer funktionsfähigen Umwelt unbedingte Aufmerksamkeit gewidmet werden muss. Das wird genau dann schwierig, wenn natürliche Ressourcen knapp werden und rein ökonomische Interessen überwiegen.

Abb. 1.2 Nachhaltigkeit: erweitertes Dreisäulenmodell. (Spindler o. J., S. 14)

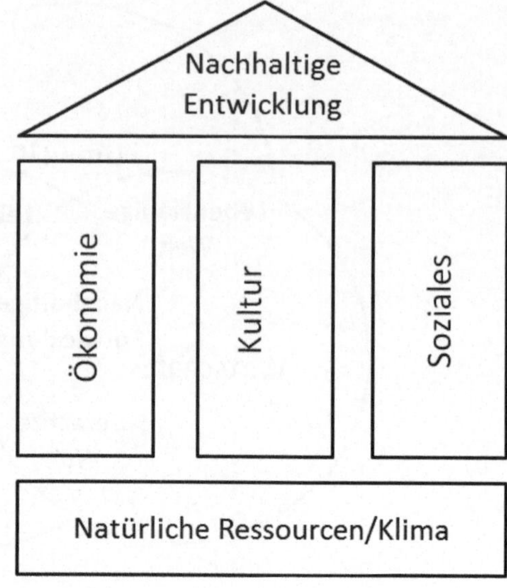

Abb. 1.3 Nachhaltigkeit: Vorrangmodell. (Lorz und Schneeberger 2016)

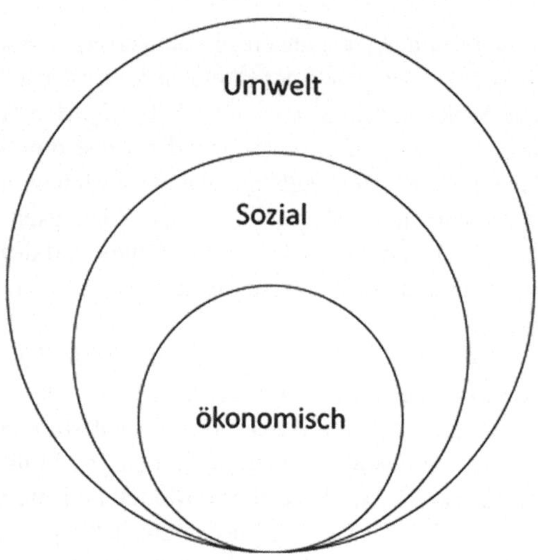

Als mögliche Strategien für die Umsetzung von Nachhaltigkeitsprinzipien gelten die Effizienz-, Konsistenz- und Suffizienz-Strategie. Während es bei der Effizienzstrategie darum geht, die Ressourcenproduktivität zu erhöhen, basiert die Konsistenzstrategie auf der Forderung, dass der Mensch die Stoff- und Energieströme in Einklang mit den in der Natur vorkommenden Kreisläufen gestalten müsse. Der Suffizienzstrategie liegt die Überzeugung zugrunde, dass nur ein gewisses Maß an Genügsamkeit, ein gedrosselter Ressourcenverbrauch ohne Selbstgeißelung zur Nachhaltigkeit führt (Pufé 2014, S. 134 ff.).

1.3 Nachhaltigkeit als angewandte Ethik

Unter Ethik verstehen wir die Lehre oder auch die Wissenschaft von Moral und Ethos, also vom menschlichen Handeln, welches sich von der Differenz zwischen gut/sittlich richtig und böse/sittlich falsch leiten lässt (Göbel 2013, S. 9). Was zu einer bestimmten Zeit in einer bestimmten Gesellschaft im Allgemeinen als Handlung, Zustand oder Haltung für gut und wünschenswert bzw. für böse und verboten gehalten wird, bezeichnet man zusammenfassend als die jeweils herrschende Moral (ebd., S. 4). Erkennt ein Subjekt eine bestimmte Moral als verpflichtend für sein Handeln an und ist das Handeln dauerhaft durch die Anerkennung geprägt, so spricht man von Ethos (ebd., S. 7).

Wir brauchen also eine Ethik, wenn Moral und Ethos „am Ende" sind – wir also damit nicht weiterkommen. Insofern ist auch nachvollziehbar, dass in der aktuellen, immer komplexer werdenden Zeit sehr wohl eine ethische Auseinandersetzung in allen Domänen und Organisationen von Nöten ist.

Aus dieser Erkenntnis wurden Spezialisierungen der Ethik für unterschiedliche Lebensbereiche entwickelt, wie z. B. die Wirtschaftsethik. Eine Auseinandersetzung mit ethischen Fragen wäre in der Wirtschaft nicht erforderlich, wenn nach dem Prinzip der unsichtbaren Hand ein volkswirtschaftliches Optimum dadurch geschaffen würde, dass alle Akteure ihre Selbstinteressen verfolgen, wenn vollständige Konkurrenz herrschen würde und es keine Transaktionskosten gäbe (Pieper und Thurnherr 1998, S. 204; zitiert nach Dillerup und Stoi 2016, S. 66). Das ist nicht der Fall. Auch gelingt es der Marktwirtschaft nicht, quasi als Zaubermittel der Transformation von Eigennutz in Gemeinwohl zu fungieren. Belegt wird dies durch die aktuelle ethische Situation von Unternehmen, s. Tab. 1.1.

Der Mensch als moralische Kategorie kann nicht einfach abgeschafft werden. Insofern kann das Verfolgen einer nachhaltigkeitsorientierten Unternehmensführung zu einer angewandten Unternehmensethik werden, wenn die Werte in einem Unternehmen, also die in einer Gemeinschaft anerkannten Vorstellungen, Ideen oder Verhaltensweisen als Orientierung dienen.

Tab. 1.1 Marktwirtschaft als Zaubermittel der Transformation. (Nach Göbel 2013, S. 77 f.)

Einwand	Beleg
Der Markt kann nicht angemessen mit öffentlichen Gütern umgehen	Öffentliche Güter gehören allen, weshalb niemand investieren, jeder aber hemmungslos nutzen wird (Beispiel: Übernutzung von Luft, Flüssen, Meeren). Grund: Der Nutzen fällt privat an, die Kosten werden jedoch sozialisiert
Der Markt stellt unerwünschte Güter bereit	Auch die Nachfrage nach Drogen, Waffen, Staatsgeheimnissen oder Kinderpornografie wird von „Nutzenmaximierern" effizient bedient
Der Markt ermöglicht keine völlige Markttransparenz	Es herrscht häufig eine Informationsasymmetrie (Beispiel: Wurden Bio-Produkte wirklich biologisch angebaut?)
Im Markt herrschen Machtasymmetrien	Häufig zum Beispiel zwischen Arbeitgebern und Arbeitnehmern
Der Markt sorgt nicht für Bedürfnisgerechtigkeit	In der Regel entscheidet die Kaufkraft und nicht die Bedürftigkeit eines Menschen darüber, wer eine Ware erwerben kann
Der Markt ermöglicht die Verschwendung knapper Ressourcen	Die Knappheit einer Ressource kommt nicht im Preis zum Ausdruck. Beispiele für die Verschwendung knapper Ressourcen: Natur und Umwelt als „freies" Gut; Snobeffekt bei spritfressenden Geländewagen; von Unternehmen geplante Obsoleszenz
Der Markt will keinen fairen Wettbewerb	Die Marktakteure verhindern durch Absprachen und Zusammenschlüsse einen fairen Wettbewerb

1.4 Postwachstumsökonomie

Im Kontext der Nachhaltigkeitsdiskussion wird häufig das vorherrschende Entwicklungsmodell des kontinuierlichen Wachstums kritisiert und es werden von Aktivisten und Wissenschaftlern Alternativen diskutiert. Obwohl schon seit langem und immer wieder angesprochen, erlangte das Wachstumsparadigma mit zunehmendem Bewusstsein über die Begrenztheit der verfügbaren Ressourcen eine verstärkte Aufmerksamkeit, wahrscheinlich mit initiiert durch den ersten Bericht des Club of Rome (1972) über die Grenzen des Wachstums und in Deutschland ganz sicher durch die Weltwirtschaftskrise im Jahr 2007 (vgl. Schmelzer 2015, S. 116 ff.).

Eine von insgesamt fünf Denkschulen für eine Postwachstumsökonomie soll nachfolgend näher betrachtet werden, nämlich die des Oldenburger Ökonomen Niko Paech. In seinem sehr konkreten Modell hält er eine grundlegende Abkehr vom Wachstum für unumgänglich, wenn ökologische Ziele ernst genommen werden sollen. Die Postwachstumsökonomie nach Paech stellt sich klar gegen den Technikoptimismus und die Idee der Green Economy, nach der Nachhaltiges Wirtschaften über den Entkopplungseffekt möglich sei. Unter Entkopplung versteht man das Bemühen, weiter ein Wirtschaftswachstum zu erzielen und dabei über den Einsatz von emissions- und verbrauchsarmen Technologien CO_2-Emissionen und Ressourcenverbrauch zu reduzieren. Damit wird der technischen Innovationskraft der Unternehmen eine herausragende Bedeutung zugewiesen und ein qualitatives, nachhaltiges, grünes, dematerialisiertes oder decarbonisiertes Wachstum favorisiert. Die Postwachstumsökonomie hält dagegen eine Entkopplung aus mehreren Gründen für nicht umsetzbar und stützt sich auf Konzepte wie Suffizienz, Subsistenz, Industrierückbau, De-Globalisierung von Lebensstilen und Herstellungsketten, Regionalökonomie und Produktionsmustern, die auf Bestandserhalt anstelle Neuherstellung basieren (vgl. Paech 2017; Wirtschaftslexikon 2017).

▶ „Als ‚Postwachstumsökonomie' wird eine Wirtschaft bezeichnet, die ohne Wachstum des Bruttoinlandsprodukts über stabile, wenngleich mit einem vergleichsweise reduzierten Konsumniveau einhergehende Versorgungsstrukturen verfügt. Den vielen Versuchen, weiteres Wachstum der in Geld gemessenen Wertschöpfung dadurch zu rechtfertigen, dass deren ökologische ‚Entkopplung' kraft technischer Innovationen möglich sei, wird somit eine Absage erteilt" (Paech 2017).

Abb. 1.4 zeigt die unterschiedlichen Paradigmen: die Entkopplungs- und die Suffizienzstrategie.

Als Gründe für die Alternativlosigkeit der Postwachstumsökonomie werden angegeben (Paech 2017): Eine Entkopplung ökologischer Schäden vom herkömmlichen Wachstum und der Wertschöpfung sei theoretisch und empirisch unmöglich. Weiter verweist Paech auf die Ergebnisse der Glücksforschung. Demnach bewirken die Zunahmen des Einkommens und des Konsums keine weitere Steigerung des individuellen Wohlbefindens. Drittens wird infrage gestellt, dass Hunger, Armut und Verteilungsgerechtigkeit durch weitere ökonomische Expansion zu beseitigen seien. Viel eher scheint die Wohlstandsschere sich aufgrund fehlender Verteilungsgerechtigkeit noch weiter zu öffnen. Schließlich stoße das Wirtschaftswachstum an ökonomische Grenzen. Ressourcen werden (natürlich) bei steigender Weltbevölkerung immer knapper und aus dem Begriff „Peak oil" könne in absehbarer Zeit ein „Peak everything" werden. Wer möge es aufsteigenden Nationen wie China oder Indien verdenken, wenn sie am Wohlstand partizipieren wollen? Die Folge werden weiter steigende Preise für vermeintlich unbegrenzt verfügbare Rohstoffe sein.

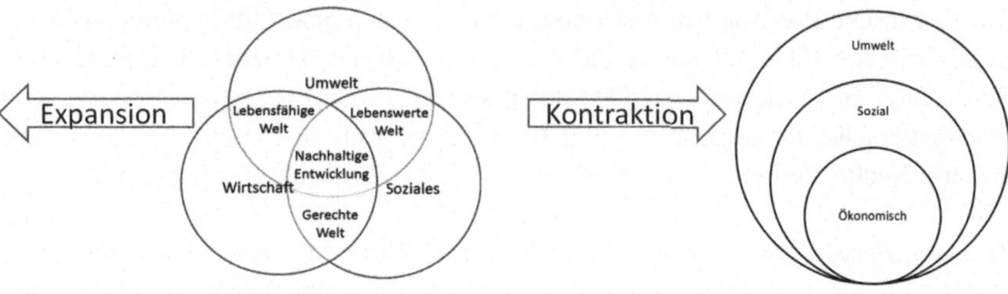

Abb. 1.4 Paradigmenwechsel Entkopplungs- und Postwachstumsstrategie/-ökonomie. (Quelle: Paech 2011, bearbeitet und ergänzt d. d. A.)

Die Frage, wie eine solche Postwachstumsökonomie umgesetzt werden kann, wird mit nachfolgend beschriebenem Ansatz beantwortet (Paech 2017): Der Weg zur Postwachstumsökonomie fußt auf fünf Entwicklungsschritten, die sich auf einen Wandel von Lebensstilen, Versorgungsmustern, Produktionsweisen und auf institutionelle Innovationen im Bereich des Umgangs mit Geld und Boden beziehen. Konkret wird Entrümpelung und Entschleunigung gefordert, da es aus ökonomischer Sicht nur logisch ist, sich von Dingen zu trennen, die Zeit, Geld, Raum und Ressourcen beanspruchen, aber nahezu keinen Nutzen stiften. Dahinter steckt die Frage: „Brauche ich das wirklich?" Weiter müsse eine Balance zwischen Selbst- und monetär basierter Fremdversorgung erreicht werden. Damit soll die Geld- und Wachstumsabhängigkeit reduziert werden. Angemessene Maßnahmen dazu wären Community-Gärten, Tauschringe und Einrichtungen zur Gemeinschaftsnutzung. Weiter müssten Wertschöpfungsketten unter dem Stichwort „Regionalökonomie" konsequent verkürzt werden und über Regionalwährungen die Kaufkraft an die Region gebunden und von globalisierten Transaktionen abgekoppelt werden. Viertens müssten die Möglichkeiten der Nutzungsdauerverlängerung oder Nutzungsintensivierung umgesetzt werden („stoffliche Nullsummenspiele"), sodass statt zusätzlicher Produktion viel eher der Bereich der Instandhaltung und Reparatur in den Vordergrund gerückt würde. Als

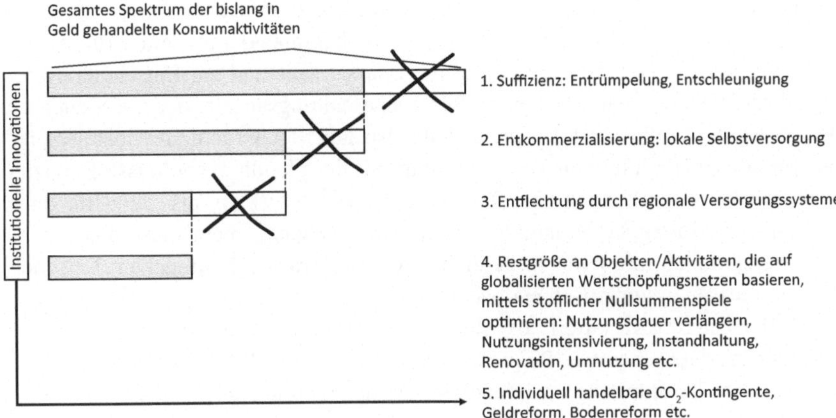

Abb. 1.5 Fünf Schritte zur Postwachstumsökonomie (Reduktion und Umbau). (Quelle: Paech 2009, S. 30)

letzter Punkt werden institutionelle Innnovationen angemahnt, die zum einen eine Boden- und Geldreform zur Abmilderung systemimmanenter Wachstumszwänge beinhalten müsse. Andererseits müsse der dehnbare Begriff der Nachhaltigkeit dadurch konkretisiert werden, dass jeder Person ein identisches Emissionskontingent zugeordnet würde, mit dem diese handeln könnte. Die Summe dieser Kontingente dürfte die Einhaltung des Zwei-Grad-Klimaschutzziels nicht gefährden, dürfte also die Höhe von 2 bis 3 Tonnen pro Person nicht überschreiten. Abb. 1.5 gibt zusammenfassend einen Überblick über die fünf genannten Stufen.

1.5 Ressourcenorientiertes Nachhaltigkeitsmanagement

Die neue Managementaufgabe besteht darin, nachhaltige (im Sinne von dauerhafte) Verfügbarkeit von Ressourcen zu schaffen, wobei hier nicht nur natürliche, sondern auch humane und finanzielle Ressourcen gemeint sind. Diesen Ansatz vertritt Georg-Müller-Christ mit dem Ansatz des ressourcenorientierten Nachhaltigkeitsmanagements (Müller-Christ 2014). Müller-Christ beschreibt ein

Entwicklungsmodell für Nachhaltiges Management, indem er unterschiedliche Ambitionsniveaus unterscheidet (s. Abb. 1.6): beginnend mit dem Effizienzansatz, welcher als Handlungsprämisse die Sparsamkeit und als Entscheidungslogik „Jetzt für jetzt" hat, über einen Substanzerhaltungsansatz, der die Sicherung des Ressourcenzuflusses zum Inhalt hat, also auf „Jetzt für dann" angelegt ist, bis hin zur Übernahme von Verantwortung mit der Handlungsprämisse Reduzierung von Nebenwirkungen und Reflexion der Hauptwirkung als „Jetzt für dann und andere" (Intergenerationalität). Nachhaltiges Management muss damit ganz selbstverständlich mit Widersprüchlichkeiten und Trade-offs umgehen. Entscheidungen müssen systematisch beobachtet werden.

Müller-Christ konstatiert als Herausforderung insbesondere die genetische Prägung des Menschen wie Bequemlichkeit, Kurzzeitdenken, Streben nach sozialem Ansehen Verdrängung unangenehmer Ansichten und Narzissmus.

1.6   Skills für mehr Nachhaltigkeit

Ob es um ethische oder werteorientierte Unternehmensführung, die Umsetzung einer Postwachstumsökonomie, ein Nachhaltiges Ressourcenmanagement oder andere zukunftsweisende Ansätze notwendiger Transformationen in fortwährenden Krisenzeiten geht – fast immer werden dazu Menschen mit ganz bestimmten Charaktereigenschaften und Führungsqualitäten benötigt. Diese Führungsqualitäten werden gerne auch unter dem Begriff „Sustainable Leadership Management" subsummiert (vgl. z. B. Müller-Christ 2014, S. 395). Müller-Christ weist darauf hin, dass sich in diesem noch jungen Forschungsgebiet zahlreiche Definitionsversuche für das Konzept des Sustainable Leadership finden lassen und dass diese jeweils davon abhängen, was unter Leadership einerseits und unter Sustainability andererseits verstanden wird, was eine einheitliche, allgemeingültige Definition erschwert. Dennoch kristallisieren sich einige sehr gut nachvollziehbare Kompetenzen heraus, über die eine Führungskraft im Sinne des Sustainable Leadership verfügen muss. Diese sind z. B. ein vertieftes Verständnis nachhaltiger Entwicklung, systemisches Denken, Visionen, Überzeugungskraft und andere mehr, die in Tab. 1.2 dargestellt sind.

Auf den ersten Blick scheint dies eine Aufzählung moderner Managementkompetenzen, wie sie in klassischen Lehrbüchern zu finden sind. Genauer betrachtet fallen aber Themen wie vertieftes Verständnis nachhaltiger Entwicklung, emotionale Intelligenz und Selbstwahrnehmung oder Wahrnehmung von Schattenseiten auf, die ganz spezifisch für die Umsetzung von Nachhaltigkeit nötig sind.

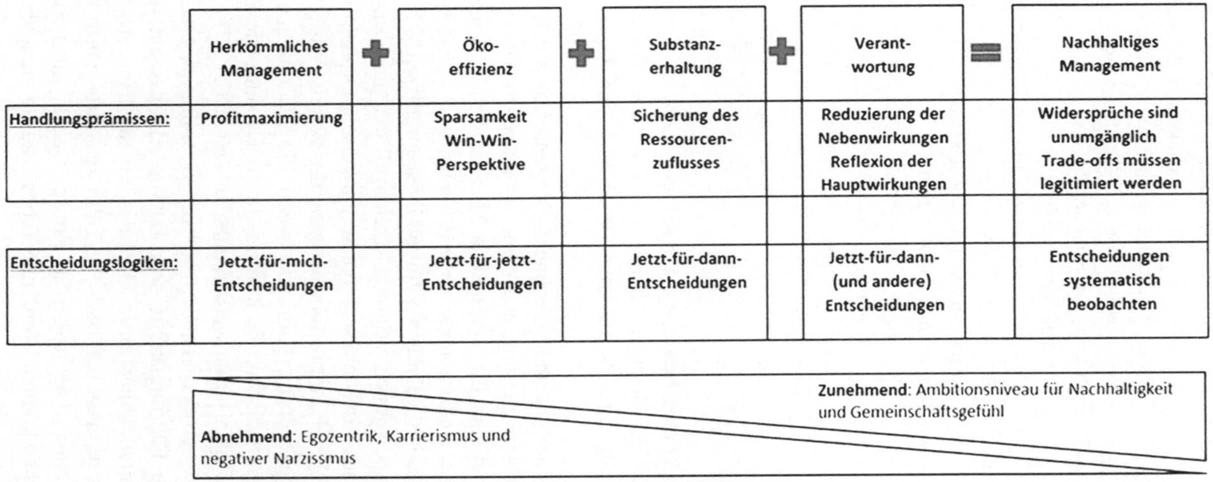

	Herkömmliches Management	+	Öko-effizienz	+	Substanz-erhaltung	+	Verant-wortung	=	Nachhaltiges Management
Handlungsprämissen:	Profitmaximierung		Sparsamkeit Win-Win-Perspektive		Sicherung des Ressourcen-zuflusses		Reduzierung der Nebenwirkungen Reflexion der Hauptwirkungen		Widersprüche sind unumgänglich Trade-offs müssen legitimiert werden
Entscheidungslogiken:	Jetzt-für-mich-Entscheidungen		Jetzt-für-jetzt-Entscheidungen		Jetzt-für-dann-Entscheidungen		Jetzt-für-dann-(und andere) Entscheidungen		Entscheidungen systematisch beobachten

Abb. 1.6 Unterschiedliche Ambitionsniveaus Nachhaltigen Managements. (Nach: Müller-Christ 2014, S. 30 verändert d. d. A.)

Tab. 1.2 Kriterien für ein Sustainable Leadership Management. (In Anlehnung an Kopp 2013, S. 132 f.; zitiert nach Müller-Christ 2014, S. 397)	
Verständnis von Wirkungen, Risiken und Chancen
Vertieftes Verständnis nachhaltiger Entwicklung
Vision, Überzeugungskraft und Gestaltung von Wandel
Systemisches bzw. holistisches Denken
Umgang mit Komplexität
Integrative Herangehensweise
Verständnis für interdisziplinäre Zusammenhänge
Langfristige Perspektive
Ausgleich zwischen lokaler und globaler Perspektive
Innovation und Kreativität
Umgang mit Unsicherheit, Ambiguitäten und Dilemmata
Entscheidungsunterstützung durch Dialog und Intuition
Diversität, Respekt für unterschiedliche Perspektiven
Emotionale Intelligenz und Selbstwahrnehmung
Wahrnehmung von Schattenseiten

Gerade Topmanager aber besitzen diese Kompetenzen häufig nicht, sind dagegen aber mit Persönlichkeitseigenschaften der „dunklen Triade" wie Machiavellismus, Psychopathie und Narzissmus (Baldegger und Furtner 2016, S. 26) ausgestattet.

Machiavellisten sind kalt und berechnend, sie täuschen und betrügen, nur um ihrem Ziel, der Machterweiterung und dem Anhäufen von Gütern, näherzukommen. Ethik und Moral sind für ausgeprägte Machiavellisten Fremdwörter (ebd.). Psychopathen dagegen sind impulsiv, unberechenbar und verhalten sich eher taktisch „starr". Psychopathen gelangen aufgrund ihres auffälligen Verhaltens nur relativ selten in Führungspositionen, während Machiavellisten nur wenig charismatisch sind und häufig negative Leistungsergebnisse aufweisen. Deshalb richtet sich das Augenmerk der aktuellen Führungsforschung auf den Narzissmus (ebd., S. 27).

Eine narzisstische Störung liegt vor, wenn die Handlungen grundsätzlich durch die eigenen egomanischen Bedürfnisse motiviert sind. Die Bedürfnisse der Mitarbeiter und der Organisation werden dabei ausgeblendet. Mittels ihrer Fähigkeit zur Formulierung großer Visionen und der Beeinflussung von Mitarbeitern können narzisstische Führungskräfte sehr starken Einfluss auf die strategische Ausrichtung und Entwicklung einer Organisation ausüben. Allerdings besteht die große Gefahr darin, dass narzisstische Führungskräfte ganze Organisationen zugrunde richten können. Die negativen Konsequenzen, die narzisstische Führungskräfte verursachen können, werden in Tab. 1.3 zusammengefasst.

Unternehmen, die sich hin zu mehr Nachhaltigkeit, zum Aufbau eines Nachhaltigkeitsmanagements oder CSR entwickeln möchten, können natürlich nicht ganze Führungsebenen eliminieren. Ein gesundes Maß an Narzissmus ist für ein erfolgreiches Wirtschaften sogar dienlich, wenn nicht sogar erforderlich. Insbesondere in Krisenzeiten und für Menschengruppen, die nur über wenig Hoffnung verfügen, sind Narzissten ideale Führungskräfte, da sie in der Lage sind, Visionen zu formulieren und Zuversicht ausstrahlen (Baldegger und Furtner 2016, S. 29).

Um eine erfolgreiche Nachhaltige Entwicklung auf Unternehmensebene zu erzielen, benötigen wir nicht ausschließlich, aber doch deutlich mehr „Sustainable Leaders" oder, wenn diese am Markt noch nicht verfügbar sind, moderate Narzissten, die in einer fortwährenden Supervision im konstruktiven Ergebnisbereich gehalten werden. Dies kann über ein spezifisches Coaching-Programm erzielt werden, welches mit der Entwicklung von Verständnis für die Grundlagen der Unternehmensethik und mit der Übernahme von Verantwortung für das eigene Handeln beginnen kann.

Was sich vielleicht zunächst wie eine Gehirnwäsche anhört, ist im Grunde genau das Gegenteil davon: Die einseitige erlernte Fixierung auf Profit, Erfolg, Wirtschaftswachstum und das Ego muss auf den Prüfstand gestellt und neue, das Gemeinwohl betreffende Perspektiven müssen erlernt werden. Dieses „Nachlernen" kann auf dem Fundament der Individualpsychologie und dem Erschließen von mehr Menschenkenntnis basieren. Das Verständnis über die Individualpsychologie und Menschenkenntnis z. B. nach Alfred Adler können einen Prozess der Selbsterkenntnis auslösen, der Offenheit für moderne Unternehmensführungsansätze, für die Transformation der Gesellschaft und Unternehmungen erzeugt und damit idealerweise persönlich, beruflich und gesellschaftlich positive Auswirkungen nach sich zieht.

Tab. 1.3 Negative Konsequenzen narzisstischer Führungskräfte. (Rosenthal und Pittinsky 2006; zitiert nach Baldegger und Furtner 2016, S. 27)

Arroganz (Kurzsichtigkeit, Selbstgefälligkeit, unflexibles Verhalten)
Minderwertigkeitsgefühle (fühlen sich im Inneren oft leer und minderwertig)
Unersättliches Bedürfnis nach Anerkennung und Überlegenheit
Überempfindlichkeit
Mangel an Empathie und emotionaler Intelligenz (selbstzentrierte Entscheidungen)
Unmoralisches Verhalten (formuliert unerreichbare Ziele für Mitarbeiter)
Irrationalität und Inflexibilität (vollständige Identifikation mit der Vision)
Verfolgungswahn (Paranoia – selbst loyalste Mitarbeiter werden degradiert)

Individualpsychologie und Nachhaltigkeit 2

2.1 Grundlagen der Individualpsychologie

Alfred Adler (1870–1937) ist der Begründer der Individualpsychologie. Sein Werk gehört neben den Schulen Sigmund Freuds und C.G. Jungs zu den Grundpfeilern der modernen Psychologie. In seiner 1927 erstmals erschienenen Schrift „Menschenkenntnis", die auch heute noch Grundlagenliteratur ist, entwickelt er die Gesetze der seelischen Entwicklung des Menschen grundlegend, denn es ist „der wichtigste Wegweiser für jeden, der nicht dunklen Regungen verfallen will, sondern bewusst sein Schicksal aufzubauen bestrebt ist" (Adler 1927, S. 223).

Aus einer Situation des Mangels, so Adler, nämlich der kindlichen Abhängigkeit, entwickelt sich der Erwachsene, der diese kindliche Prägung durch die erlebte Abhängigkeit weiterhin, wahrscheinlich zeitlebens, gegenüber der Gemeinschaft und den Folgen für die folgenden Generationen auslebt.

Das Gemeinschaftsgefühl bildet den Grundpfeiler des „gesunden" Menschen, alle neurotischen und unsozialen Verhaltensweisen können nur im Zusammenhang mit ihm verstanden werden. Wie keine Psychologie erklärt die Individualpsychologie Adlers die Notwendigkeit von Nachhaltigkeit, CSR (Corporate Social Responsibility) und die Stolpersteine für deren Praxis.

Das Verhalten des erwachsenen Menschen ist die Antwort auf die erlebte Umwelt. Adler meint jedoch, nicht nur durch die individuelle Vergangenheit wird das Verhalten bestimmt, sondern durch die gesetzten, meist unbewussten, Ziele. Das heißt, der Mensch handelt, ja, er ist sozusagen zielgerichtet. Die Handlungen des Menschen sind auf seine Ziele ausgerichtet. Es entwickelt sich ein Lebensstil nach den kindlichen Vorbildern und Mustern, wie z. B. Macht ausgeübt wird. Es entwickeln sich ein bestimmter Grad an Gemeinschaftsgefühl und das Streben, in der Gemeinschaft durch Taten zur Geltung zu kommen, das Geltungsstreben,

© Springer Fachmedien Wiesbaden GmbH 2018
R. Pfennig und E. Müller-Schoppen, *Nachhaltigkeitsmanagement für Führungskräfte, essentials*, https://doi.org/10.1007/978-3-658-20395-5_2

sowie allerlei Handlungsformen, diese Geltung durch Macht zu erkämpfen, das Machtstreben. Die Individualpsychologie nach Adler geht davon aus, dass der Grundantrieb des Menschen teleologisch ist. Das Wort, das wie ein Druckfehler erscheint, leitet sich von telos, Ziel ab (altgriechisch τέλος télos, „Zweck", „Ziel", „Ende" und λόγος lógos „Lehre") und ist die Lehre, die beschreibt, dass Handlungen oder überhaupt Entwicklungsprozesse an Zwecken orientiert sind und durchgängig zweckmäßig ablaufen, daher zweck- oder zielgerichtet sind. Adler nennt diesen grundlegenden Antrieb, die Finalität, das Ziel der Geltung und Anerkennung anzustreben, auch „Lebensstil". Das jeweilig aktuelle Verhalten eines Menschen formt sich aus den Erlebnissen und Erfahrungen in der Kindheit und den Reaktionen darauf. Durch die daraus entstandenen Muster wird unser Ego tagtäglich beständig neu gebildet, kreiert und aufrechterhalten. Einige der häufigsten Muster sind Eifersucht, Neid und Missgunst.

Minderwertigkeitsgefühl und Machtstreben bestimmen nach Adler ganz wesentlich unser Leben. Sie sind anthropologische Konstanten, ohne sie gibt es kein Menschsein. So besteht die Persönlichkeitsentfaltung nach Adler in der Überwindung des Minderwertigkeitsgefühls, unter Einsatz des Machtstrebens.

Ohne Minderwertigkeitsgefühl und dessen Kompensation, ja meistens Überkompensation, und ohne Machstreben gibt es im Sinne der Individualpsychologie keine Entfaltung.

Diese Entfaltung der Persönlichkeit muss, um sich nicht schädlich für die Gemeinschaft, Gesellschaft, heute mehr und mehr Weltgemeinschaft auszuwirken, grundsätzlich darauf ausgerichtet sein, sich in der Gemeinschaft, im Beruf und in einer Ich-Du-Beziehung einzufühlen, sich anzupassen, ohne uniform zu sein.

Der psychisch gesunde Mensch ist im Sinne der Individualpsychologie ein sozialer Mensch, seine Haltung und Einstellung gegenüber der Gemeinschaft sind Maßstab psychischer Gesundheit, so wie Nachhaltigkeit in seiner Grundidee einen Nutzen für alle Beteiligten beinhaltet – für psychisch krank gelten im Sinne der Individualpsychologie hingegen Herrscher oder Drückeberger.

Um das Verhalten eines Menschen zu verstehen, stellen sich grundlegende Fragen.

- Welche Ursachen sind für das Verhalten verantwortlich (kausale Betrachtung)?
- Was ist der Zweck des Verhaltens (finale Betrachtung)?

„Verhalten" ist im Sinne Adlers die Wirkung aus frühkindlichen Erfahrungen und der Bildung von Reaktionsmustern daraufhin.

Der Mensch strebt einem Ziel bzw. Zweck entgegen. Das menschliche Verhalten wird verstehbar, wenn man es als ziel- und zweckgerichtet betrachtet. Die Ziele sind Reaktionen hinsichtlich der „sozialen Lage" in der Kindheit. Die Beweggründe für unser Verhalten liegen somit nicht einfach in der Vergangenheit, sondern sind wesentlich in die Zukunft gerichtete Reaktionen, eben Ziele, um ganz bestimmte Erfahrungen nicht erleiden zu müssen oder erst gar nicht zu erfahren.

Verhaltensweisen, die an sich betrachtet keinen Sinn ergeben, sind, wenn wir das zu erreichende Ziel wie z. B. Macht, Anerkennung oder Vermeidung von Ausschluss aus der sozialen Gruppe usw. kennen, sinnvoll. Für Adler war klar, dass zum Beispiel Vergesslichkeit nicht einfach eine gehirnphysiologische Angelegenheit ist, sondern seinen Sinn hat im Rahmen der gesamten Persönlichkeit.

So war er beispielsweise der Ansicht, final gedacht, dass ein Mensch möglicherweise darum ein „schlechtes" Gedächtnis entwickelt, um sich Aufgaben entziehen zu können.

Adler bestätigte das finale Streben der Menschen damit, dass gewisse Menschen mit geschädigten oder geschwächten Organen ausgerechnet auf den durch die Schädigung betroffenen Gebieten es zu überdurchschnittlichen Leistungen bringen können. Ein Musterbeispiel war für ihn der griechische Redner der Antike Demosthenes. Um seine Stimme zu stärken, soll er sich an die Meeresküste gestellt haben und seine Reden gegen die tosende Brandung angeschrien haben. Auch van Gogh soll seine Sehschwäche dadurch kompensiert haben, indem er malte.

Nach den Vorstellungen und Beobachtungen der Individualpsychologie sollen diese außergewöhnlichen Leistungen der Individuen erlebte Unzulänglichkeiten und Minderwertigkeitsgefühle ausgleichen, kompensieren.

Schon in der Primärfamilie vergleicht sich ein Kind mit den Geschwistern und Eltern. Das resultierende Gefühl, das Minderwertigkeitsgefühl, ist somit eine psychische Grundgegebenheit – anthropologische Konstante – in jedem heranwachsenden Menschen und treibt ihn auch lebenslang zu kompensierenden Leistungen an.

Adler erklärt nun die individuellen Unterschiede der Menschen dadurch, dass jeder aufgrund seiner sozialen Situation (z. B. Stellung in der Geschwisterreihe) eine für ihn typische Art des Kompensierens ausbildet.

Der Mensch ist grundsätzlich jedoch ein soziales Wesen, was seinem egozentrischen Streben entgegensteht und Grund für viele Konflikte ist. Er kann als Einzelner nicht „Mensch werden" und im Allgemeinen auch nicht überleben. Bildung bezeichnet genau diesen Prozess der Formung des Menschen im Hinblick auf sein „Menschsein", seine geistigen Fähigkeiten, seine Einsicht in die

Verantwortung für folgende Generationen, kurz Nachhaltigkeit genannt. Adler war davon überzeugt, dass dem Menschen ein Gefühl für sein „Zugeordnet-sein" auf die Gemeinschaft quasi angeboren ist.

Er nennt dieses Gefühl Gemeinschaftsgefühl. Ist dieses Gefühl genügend entwickelt, so kommt der Mensch zur Erkenntnis, dass er seine zumindest gefühlte oder auch objektiv bestehende „Minderwertigkeit" (wohl besser Unterlegenheit genannt), nur dadurch auf eine menschenwürdige Weise ausgleichen kann, dass er mit anderen zusammenarbeitet und die Lebensaufgaben gemeinsam löst – Lebensaufgaben, die Nachhaltigkeit als Aufgabe einschließen. Das Minderwertigkeitsgefühl, das zweifellos subjektiv erfahren wird, kann also durch Entwicklung des Gemeinschaftsgefühls ausgeglichen werden.

Unglückseligerweise legen nun aber nach Adler die gegebenen sozialen Strukturen, Konsumdenken, der Kapitalismus und ungezügeltes Konkurrenz-Denken dem Kinde, das seine Minderwertigkeit bzw. seine Unterlegenheit erlebt, die Fiktion nahe, es könne einen Ausgleich durch ein individuelles, egozentrisches, narzisstisches Höher-Streben erreichen.

Mit diesem ichbezogenen Streben versucht das Individuum, sich Anerkennung, Geltung, Respekt zu verschaffen, Überlegenheit über andere zu gewinnen oder Macht auf sie auszuüben.

Adler kreiert mit dieser psychologischen Erklärung den „Antriebsmotor" menschlichen Tuns, denn er hält dieses Streben nach Anerkennung, Geltung, Überlegenheit und Macht als Kompensation des allgegenwärtigen Minderwertigkeitsgefühls zwar auf der einen Seite für eine verfehlte Antwort auf die objektiv gegebene Minderwertigkeit, auf der anderen Seite aber für den Motor für die allermeisten menschlichen Verhaltensweisen. Nicht, dass Adler den von Freud hervorgehobenen „Antriebsmotor" „Sexualität" verneint hätte, aber die Kompensation, ja meistens wohl Überkompensation der Minderwertigkeitsgefühle schien ihm die beobachtbar stärkste sich sozial auswirkende Kraft.

Die Lebensaufgabe des Menschen (und damit auch der Erziehung sowie der psychologischen Beratung) ist es nun, das egozentrische Streben bewusst zu machen und abzubauen zugunsten der Entwicklung des Gemeinschaftsgefühls.

Die frühen Erfahrungen bringen das Kind dazu, dieses Höherstreben, das ganz private „Café Größenwahn", das individuelle Kompensieren der Minderwertigkeitsgefühle zugunsten des Egos mitzubestimmen und so stets wiederholende Verhaltensmustern zu realisieren.

Das Kind kreiert sich schon früh einen persönlichen Lebensstil, von dem es vermuten kann, dass diese Lebensleitlinie ihm das Erreichen von Anerkennung, Geltung, Überlegenheit und Macht garantiert.

Die Lebensleitlinie ist wie ein geheimer Lebensplan, der unbewusst ist.

Adler benennt die individuellen Verhaltensmuster, mit denen Minderwertigkeitsgefühle kompensiert werden, mit den Begriffen Lebensschablone oder Leitlinie.

Je größer die Minderwertigkeitsgefühle sind, desto tyrannischer ist die Leitlinie und desto mehr wird sie auch vom Individuum als innerer Zwang erlebt. Folgende Glaubenssätze zeigen die Zwanghaftigkeit der tyrannischen Leitlinie.

- ▶ • Zwanghafte Glaubenssätze der tyrannischen Leitlinie:
  - Ich muss im Zentrum stehen, mich für andere aufopfern, der Beste sein, wenn ich Anerkennung oder Respekt erreichen will.
  - Ich darf nicht auffallen und muss mich stets anpassen.
  - Ich muss reich werden, um nicht unterzugehen.
  - Ich muss stets alles infrage stellen, opponieren und anderer Meinung sein.
  - Ich muss mich stets klein machen und meine Schwächen hervorheben.
  - Ich darf mir niemals eine Blöße geben.
  - Ich muss mich pflegen lassen.
  - Ich muss mich in jeder Situation beherrschen.
  - Ich muss immer die Verantwortung tragen.

Um in Anspruch zu nehmen, das Wesen eines Menschen auch nur einigermaßen verstanden zu haben, muss man die Leitlinie erkannt haben und kann dann allerdings auch das Verhalten eines Menschen in einer bestimmten Situation sogar vorhersagen. Die Herausforderung ist, die Leitlinie aufzudecken und zu entlarven, dann kann der betreffende Mensch von der Fiktion der individuellen Selbsterhöhung befreit werden.

Diese Fiktion der Selbsterhöhung, nämlich sich zwanghaft selbst erhöhen zu müssen, dieser tyrannische Selbsterhöhungszwang wird nicht unberechtigt auch Gottähnlichkeitsstreben genannt. Die Psychoanalyse der Individualpsychologie versucht, die subjektiven Motive des Einzelnen zu verstehen, strebt jedoch keine objektive Beurteilung seiner Handlungen an. Ein Mensch kann Verantwortung tragen wollen, damit er sich bestätigt fühlen kann, er kann natürlich auch Verantwortung übernehmen aufgrund eines entwickelten Gemeinschaftsgefühls. Dies beruht dann nach Adler auf Einsicht in die Sachlichkeit der Aufgaben im Leben.

Letztlich gesehen, dienen natürlich alle Leitlinien der individuellen Selbsterhöhung, wenn sie auch nicht alle vom ähnlichen Wert sind. Obwohl alles Tun und Trachten der individuellen Selbsterhöhung dient, kann der einzelne Mensch dennoch diese Verhaltensweisen der Gemeinschaft dienlich machen. Er kann sozusagen sein neurotisches Verhalten für die Gemeinschaft, im Sinne der Gemeinschaft optimieren. Insofern kann man hier von einer nützlichen Leitlinie, einer nützlichen Seite der Leitlinie für das Leben sprechen.

Es geht natürlich auch immer anders: Wenn der Mensch glaubt sich auf die unmenschliche Seite des Lebens begeben zu müssen, eine unnützliche Leitlinie zu leben, dann ist er a-sozial, kriminell, süchtig, neurotisch oder psychotisch. Der Mensch kann also nützliche oder unnützliche Leitlinien entwickeln, von denen es eine direkte oder eine indirekte Ausprägung gibt.

Eine direkte Leitlinie, die gleichzeitig eine nützliche Leitlinie ist, kann zum Beispiel darauf beruhen, dass ein innerer Satz, ein innerer Antreiber lautet: „Ich muss auf jeden Fall die Verantwortung übernehmen" oder „Ich muss durch Erfolg glänzen". Wie schon gesagt: Es ist immer schon eine normal-neurotische Ausprägung einer Leitlinie, die immer neurotisch ist, aber in diesem Fall eben eine nützliche, eine für die Gemeinschaften nützliche Variante.

Eine unnützliche, aber immerhin doch direkte Leitlinie ist zum Beispiel: „Ich muss immer dagegen sein, ich muss querulieren, opponieren, ich muss angreifen, ich muss anderen meinen Willen aufzwingen."

Aber auch die indirekten Leitlinien können eine nützliche Richtung haben. Zum Beispiel mit dem Antreiber: „Ich muss mich für andere opfern oder ich muss stets anderen gefallen." Dieser Antreiber ist zwar mit einem neurotischen Verhalten verbunden, das jedoch eine nützliche Komponente hat. Es geht natürlich auch unnützlich, indem jemand von dem Antreiber besetzt ist „Ich muss krank sein, ich muss Schwäche demonstrieren, ich muss Hilflosigkeit zeigen" …, um endlich wahrgenommen zu werden.

2.2   Jeder kennt es, Adler nannte es „Tendenziöse Apperzeption"

In der Psychologie bezeichnet man mit Apperzeption das schon immer bearbeitete, verwandelte, behandelte Wahrnehmen, nämlich das verstehende, deutende, strukturierende Wahrnehmen, die Wahrnehmung ist also nicht einfach mal objektiv, sondern sie ist immer schon ein Produkt der Persönlichkeit.

Der Mensch erfasst das Wahrzunehmende nämlich mithilfe seiner schon vorhandenen, eigenen Denk-und Fühlstrukturen, in die er das neu Wahrgenommene eingebaut.

Unsere Weltanschauung, unsere Interessenlage, bereits gemachten Erfahrungen, unser Wissen, unsere Art zu denken, unser Art und Weise des Fühlens, unsere Stimmung und Bedürfnisse sind dafür verantwortlich, wie wir die von außen und innen kommenden Sinnesreize verarbeiten. Dieser Zusammenhang zwischen Wahrnehmung und Leitlinien spielt eine besondere Bedeutung in der Individualpsychologie. Einerseits bestimmen frühere Erlebnisse und damit Wahrnehmungen die konkrete Ausbildung der Leitlinie und andererseits bestimmt die Leitlinie, sobald sie herausgebildet ist, die Art und Weise, wie wir wahrnehmen.

2.3 Sicherungstendenz

Die Individualpsychologie erkennt bei allen Menschen eine Leitlinie, die den Charakter hat, nach Anerkennung, Größe, Überlegenheit und Macht zu streben. Dass die Art und Weise, wie jeder Mensch das Ziel zu erreichen hofft, individuell unterschiedlich ausgeprägt ist, ist gut beobachtbar. Dieses Verhalten entsteht aus dem Gefühl der Unvollkommenheit, was anthropologisch, entwicklungspsychologisch unvermeidbar ist. Die Erziehungsinstanzen können dieses Verhalten, diese Reaktion durch kein noch so perfektes Verhalten gegenüber dem Kleinkind vermeiden. Adler gebrauchte das Wort Minderwertigkeitskomplex in seinen Schriften synonym für das Wort Minderwertigkeitsgefühl. In seiner späteren Arbeit gebrauchte er den Begriff Minderwertigkeitskomplex für das abnorm gesteigerte Minderwertigkeitsgefühl im Gegensatz zum normalen Minderwertigkeitsgefühl.

Die Individualpsychologie konstruiert mit dem Minderwertigkeitsgefühl und der damit verbundenen Kompensationen eine Art Schutzhülle, die die verletzliche Seele umgibt. Droht diese Schutzhülle durchbrochen zu werden oder wird sie tatsächlich durchbrochen, entsteht in Menschen ein Gefühl von Scham und Zweifel. Der Mensch fürchtet das Gefühl, bloßgestellt, ausgeliefert oder verraten zu sein.

Jeder Mensch macht schon in sehr frühen Jahren die Erfahrung, dass er von den Mitmenschen verletzt werden kann, wenn er sich ihnen ungeschützt darbietet. Durch die immer wieder auch nicht vermeidbaren Verletzungen durch die Mitmenschen wird das Minderwertigkeitsgefühl verstärkt. Die Konsequenz dieser Erfahrung ist die Angst vor dem Unterliegen, die sich immer mehr steigert. Die Minderwertigkeitsgefühle erleben somit immer wieder eine schmerzende Bestätigung. Das individuelle Seelenleben versucht nun durch Kompensation die erlebte Minderwertigkeit und Unterlegenheit auszugleichen.

Alle Formen der Kompensation – und eben doch sehr häufig Überkompensation der Minderwertigkeitsgefühle – entspringen der Angst, die subjektiv selbst erlebte Minderwertigkeit oder Unzulänglichkeit könnte von anderen Mitmenschen wahrgenommen und dann auch ausgenützt werden. Es entsteht eine präventive, prophylaktische Sicherungstendenz, eine Grund-Bestimmtheit, eine innere Haltung, sich ständig mehr oder weniger keine Schwäche oder Blöße zu geben.

Je größer die Minderwertigkeitsgefühle sind, desto größer ist auch die Sicherungstendenz und desto geringer ist die Bereitschaft, ein Risiko einzugehen. Damit schränkt der Mensch, meist unbewusst, seine Beziehungsfähigkeit in erheblichem Maße ein, zumal jede wirkliche Beziehung zu Menschen ein Wagnis einschließt. Ein sich unterlegen fühlender Mensch kämpft immer angestrengter und mauert sich immer stärker ein. Letztendlich lässt sich sagen, dass die Sicherungstendenz – so unumgänglich sie für das gesellschaftliche Leben ist – das Leben auch hemmt.

Die Sicherungstendenz wird zum zwischenmenschlichen Problem dann, wenn die prophylaktische Absicherung zwanghafte Züge annimmt, auch dort nicht aufgegeben werden kann, wo die Möglichkeit bestünde, wie in der Liebe. Das Minderwertigkeitsgefühl ist ein Mangel an Selbstwertgefühl, ein Zweifel und eine Unsicherheit, ein Gefühl, den sozialen Anforderungen nicht gewachsen zu sein. Das Minderwertigkeitsgefühl ist dem Individuum meist unbewusst. Der Mensch will jedoch dieses unangenehme Gefühl der Unterlegenheit wenigstens durch Kompensation tilgen oder durch Überkompensation negieren und zudecken, was nicht selten in spektakulären Taten wie extremen Hobbys oder Forderungen an die Gemeinschaft oder extrem asozialem Verhalten enden kann.

Man kann in Adlers Individualpsychologie im Grunde genommen eine primäre und sekundäre Entwicklung des Minderwertigkeitsgefühls unterscheiden. Das primäre Minderwertigkeitsgefühl wurzelt darin, dass das Kind tatsächlich die Erfahrung von Schwäche, Hilflosigkeit, Abhängigkeit macht, oft verstärkt durch die Beziehungen in der Geschwisterkonstellation. Das sekundäre Minderwertigkeitsgefühl beruht auf der Erfahrung, unfähig zu sein oder ein fiktionales Ziel der subjektiven Sicherheit oder des Erfolges erreichen zu müssen, um letztlich das Minderwertigkeitsgefühl kompensieren zu können. Ein Gefühl der Niedergeschlagenheit stellt sich jedoch zunehmend ein, umso größer die gefühlte Distanz zu diesem Ziel ist.

Für ein vertieftes Verständnis des Minderwertigkeitsgefühlsphänomens gilt es, drei immer wieder auftauchende Begriffe zu definieren: die objektive Minderwertigkeit, das Minderwertigkeitsgefühl und den Minderwertigkeitskomplex.

Ein Mensch, der geschädigte Organe hat und durch sie behindert ist, was Organminderwertigkeit in der Individualpsychologie genannt wurde, umschreibt das Phänomen der objektiven Minderwertigkeit – und da dieses Wort zweifellos missverständlich ist, wäre es vielleicht besser, von objektiver Unterlegenheit zu sprechen. Zweifellos sind ein Säugling, ein Kind und auch ein Jugendlicher in vielen Dingen dem Erwachsenen unterlegen und so trifft der Begriff Minderwertigkeitsgefühl das psychologisch subjektive Erleben.

Dieses subjektive Erleben einer Unterlegenheit ist abhängig von der Art und Weise, wie ein Mensch als Kleinkind, Kind oder Jugendlicher von seinen Bezugspersonen akzeptiert, ermutigt und angenommen wurde. Das Minderwertigkeitsgefühl ist also eine anthropologische Konstante, d. h. mit jedem einzigartigen Menschsein gegeben, aber zweifellos keine fixe Größe, sondern, eben wie erwähnt, abhängig von der Umwelt und der subjektiven seelischen Verarbeitung.

Der Minderwertigkeitskomplex ist im Grunde genommen eine neurotische Verarbeitung, wenn ein Individuum nämlich seine Unterlegenheit zur Schau stellt, sie ausspielt, um Anerkennung, Überlegenheit, Geld und Macht zu erlangen.

Mimosenhafte Verletzlichkeit kann besondere Rücksichtnahme und Zuwendung erzwingen, die ständige Wiederholung, dass man nicht geachtet würde, kann diese Achtung ertrotzen wollen, dass man zu nichts tauge, weniger wert sei, kann der Versuch sein, diese Aufmerksamkeit doch zu erlangen, ein zur Schau gestelltes schlechtes Gedächtnis, Angstzustände und viele andere Verhaltensweisen dienen dazu, die Aufmerksamkeit und Anerkennung anderer Menschen zu erlangen. Solche Verhaltensweisen sind immer ein deutliches Zeichen für Minderwertigkeitsgefühle, die ein ganz bestimmtes Verhalten der Umwelt erzwingen wollen.

2.4   Die Neurose

Unter Neurosen werden nervlich bedingte rein funktionelle Erkrankungen verstanden, ohne Nachweis eines organischen Hintergrundes. Durch den Einfluss der Theorien von Sigmund Freud wird trotz allen psychoanalytischen Fortschritts Neurose hier der Einfachheit halber als eine leichtgradige psychische Störung verstanden.

Hervorgerufen wird diese seelische Störung durch einen nicht angemessen verarbeiteten Konflikt. Freud stellt den Neurosen die Psychosen, schwere seelische, organisch bedingte Störungen, gegenüber.

Wir glauben im Einverständnis namhafter Wissenschaftler, dass Neurosen als überwiegend sozialbedingte Erkrankungen verstanden werden können, die eine Störung im psychischen und/oder körperlichen und/oder im Bereich der Persönlichkeit bedingen.

Nach der Individualpsychologie Adlers bewegt sich fast jeder Mensch auf der „unnützlichen Seite" des Lebens, das bedeutet, dass er im Rahmen der jeweiligen Gemeinschaft die Selbsterhöhung, die Rolle im Café Größenwahn anpeilt, sein vertikales Streben also stark ausgeprägt ist, statt horizontal die Rolle und die damit verbundenen Ziele für die Gemeinschaft einzunehmen. Seine Sicherungstendenz ist hochgradig übersteigert. Der neurotische Mensch ist ein Sklave seiner eigenen Zwänge, er ist nicht frei und verschließt sich den Menschen und dem wahren Reichtum der Welt.

Ein neurotischer Mensch ist nur in eingeschränktem Maße beziehungs- und liebesfähig. Er prüft, meist unbewusst, jede Situation unter dem Gesichtspunkt „Was bringt sie mir ein?" statt „Was kann ich beitragen?" Selbst wenn der Mensch vordergründig etwas Nützliches beiträgt, geht es ihm zutiefst nicht um die Sache, sondern um seine Geltung und Selbsterhöhung. Das Skurrile der Neurose ist im individualpsychologischen Sinne, dass das Individuum glaubt, sein Verhalten brächte die Lösung.

In der Psychotherapie wie im Coaching geht es darum, dass der neurotische Mensch vorerst Einsicht gewinnt in seine verhängnisvolle Leitlinie der stetigen Selbsterhöhung, was eben jedes soziales Verhalten neurotisch einfärbt.

2.5 Das Verhältnis zwischen vertikalem und horizontalem Streben

Jeder Mensch, also ca. 7 bis 7,5 Mrd. Menschen, hat neurotische Züge. Trotzdem ist der Anteil an Kompensation im Verhalten der einzelnen Menschen sehr unterschiedlich: Während bei den einen das Gemeinschaftsgefühl stark ausgebildet ist, dominiert bei andern das Überlegenheits- und Machtstreben.

Es lässt sich beobachten, dass sich das Machtstreben umgekehrt proportional zum Gemeinschaftsgefühl verhält: je mehr Machtstreben, desto weniger Gemeinschaftsgefühl. Die vertikale Verhaltenslinie, das Streben nach Selbsterhöhung, ist geprägt durch folgende Haltungen und Verhaltensweisen: Machtstreben, Minderwertigkeitsgefühle, Geltungsstreben, Sicherungstendenz, Absicherung, Angst, Selbstablehnung, Eigenliebe, Selbsthass, Verschlossenheit, Maske, Rolle, Misstrauen, Zwanghaftigkeit, Heteronomie.

Die horizontale Verhaltenslinie, das Verhalten nach dem Gemeinschaftsgefühl ist geprägt durch folgende Einstellungen und Verhaltensweisen: Kompetenz zur Achtsamkeit, Sachbezogenheit, Risikobereitschaft, Sicherheit, Selbstannahme, Selbstakzeptanz, Offenheit, Echtheit, Vertrauen, Freiheit, Eigenständigkeit.

Je größer das Geltungsstreben, desto größer das Bedürfnis, eine Maske zu zeigen und eine Rolle nur vor-zu-spielen. Je mehr ein Mensch sich seiner selbst bewusst wird, desto authentischer kann er sein. Je bewusster ein Mensch ist, desto weniger reaktiv kann er sein, desto weniger ist er von den Meinungen anderer Leute abhängig.

Wenn ein Mensch auf Prestige, Ansehen und Geltung ohne Rücksicht auf die Gemeinschaft aus ist, kann er eine Aufgabe nicht mehr sachlich lösen. Umso mehr sich die Angst bei einem Menschen steigert, umso weniger kann er sich öffnen und Liebe leben. Umso mehr ein Mensch schon im Vorfeld des tatsächlichen Erlebens seine persönliche Macht sucht, die ihn bewahren soll, desto weniger kann er echte Risiken eingehen. Die Forderung an das Individuum, die Vorstellung, ein Menschsein ohne das Schattenhafte zu verwirklichen, ist irreal.

2.6   C.G. Jung, die Analytische Psychologie und Nachhaltigkeit

Im Fokus der Betrachtung der Psychologie des Menschen von C.G. Jung (1875–1961), einer einzigartigen psychischen Kontemplation des Individuums, seiner ganz eigenen Persönlichkeitspsychologie, stehen das Selbst und die Selbstwerdung, die sogenannte „Verselbstung" oder auch Individuation genannte Entwicklung.

> Individuation bedeutet: zum Einzelwesen werden, und, insofern wir unter Individualität unsere innerste, letzte und unvergleichbare Einzigartigkeit verstehen, zum eigenen Selbst werden. Man könnte ‚Individuation' darum auch als ‚Verselbstung' oder als ‚Selbstverwirklichung' übersetzen (Jung 1928, S. 59).

Im Mittelpunkt von Jungs Schaffen stehen die Entwicklung des Menschen mit dem Ziel eines erweiterten Bewusstseins und die Entwicklung zu einer größeren humanitären Reife und sozialen Verantwortlichkeit und damit nachhaltigem Agieren hinsichtlich späterer Generationen. Der Individuationsprozess ist der Prozess, in dem der Mensch zu dem wird, der er von seinen individuellen Anlagen und stammesgeschichtlichen Bestimmungen und seinen Prägungen durch das kollektive Bewusstsein und seinen Entwicklungsmöglichkeiten her ist. Herausforderung im Sinne Jungs ist es, sich im Individuationsprozess die verschiedenen Aspekte seines Wesens bewusst zu machen, zu verarbeiten und in sein Leben zu integrieren.

> Man kann hier die Frage aufwerfen, warum es denn wünschenswert sei, dass ein Mensch sich individuiere. Es ist nicht nur wünschenswert, sondern sogar unerlässlich, weil durch die Vermischung das Individuum in Zustände gerät und Handlungen begeht, die es uneinig mit sich selber machen. Von jeder unbewussten Vermischung und Unabgetrenntheit geht nämlich ein Zwang aus, so zu sein und zu handeln, wie man selber nicht ist. [...] Es muss allerdings anerkannt werden, dass man nichts schwerer erträgt als sich selbst (ebd., S. 110).

Die dunkle Seite des Individuums, die Jung unter dem Begriff des Schattens zusammenfasste, steht im Gegensatz zu den nach außen dargestellten, gesellschaftlich erwünschten Aspekten. Im Schatten tauchen auch als Untersuchungsgegenstand die gegengeschlechtlichen Anteile (Animus = männliche Aspekte in der Frau; Anima = weibliche Aspekte im Mann) auf. Das Individuum ist eine körperlich-seelische Einheit und Ganzheit, Jung nennt sie das Selbst. Dieses Selbst wird in einer Abhängigkeit und Verbundenheit mit der sozialen Mitwelt und Umwelt geprägt.

2.7 Persona und Co – ein Überblick über die Jungsche Theoriebildung

Die Persona ist jener Teil der Persönlichkeit, der durch Amt, Beruf, Titel und soziale Rolle beschrieben ist. Persona ist sozusagen die Außendarstellung. Persona ist die Fassade, soziologisch gesprochen die Rolle, die Anpassung, die Gewohnheit, die Maske. Persona hat dort große Bedeutung, wo sie dem Selbst bei der Kooperation mit der Außenwelt dient. Die gut funktionierende Persona ist flexibel, elastisch, und stellt somit auch den Schutz des Selbst nach außen da.

Persona hat auch die Eigenschaften eines Schutzschildes, eines Panzers für das Selbst, der das Individuum schützt, aber eben auch abkapselt. Die einzelnen Bestandteile des Selbst, die Elemente des Selbst bestimmen den Gesamtprozess der Entwicklung der Individuation. Unter Schatten versteht C.G. Jung alle die Geschehnisse, Ereignisse, Vorstellungen, Wünsche, Impulse, Fantasien, die von einem Individuum aufgrund von Moralvorstellungen, meist von übernommenen Moralvorstellungen, sowie von allgemein wirksamen Tabus verleugnet und verdrängt werden, ja aus der Tatsache des sozialen Miteinanders verdrängt werden müssen.

Dieses verdrängte seelische Material meldet sich in Form von Träumen, meldet sich in Form von Fehlleistungen, zum Beispiel Versprechern wie „zum Vorschwein kommen", meldet sich in allen psychosomatischen Symptomen. Man kann sagen, der Schatten ist die Sammelstelle für alles Böse, die Sammelstelle für unsoziale Eigenschaften, ist die Sammelstelle für Schwächen und Unterlassungen oder gar irrationale Gefühle, er ist die Sammelstelle für Vorurteile, er ist die Sammelstelle für Projektionen. Werden diese Dinge bewusst, führen sie zu einem befreiten Leben.

2.8   Das kollektive Unbewusste

Das kollektive Unbewusste, eine weitere Untergruppe der Jungschen seelischen Vorstellungen, ist nicht wirklich klar, deutlich, abgegrenzt von den Archetypen zu unterscheiden. Es reicht nach Jungs Theorie bis in die Anfänge des Menschseins zurück. Es wird vererbt, und das ist eine neue Vorstellung, die Jung in die Psychologie hineinträgt.

Nach dieser Theorie haben wir menschheitsgeschichtliche Erfahrungen unserer Ahnen, die charakteristischen Wesenszüge der Spezies Mensch, in uns. Dieses kollektive Unbewusste zeigt sich in den immer schon vorhandenen Archetypen. Diese Archetypen sind Märchen, Mythen, Träume, die in uns immer wieder aufsteigen, in unserem Leben eine Rolle spielen.

Neben dem kollektiven Unbewussten existiert nach Jung auch noch ein persönliches Unbewusstes. Es setzt sich zusammen unter anderem aus nicht bewussten persönlichen Motiven, es besteht aus nicht wahrgenommenen Begebenheiten während irgendeines Tagesgeschehen, es besteht aus nicht gezogenen Schlüssen und fehlenden Konsequenzen und letztlich aus Effekten und Kritik – Kritik, die ein Mensch sich verbietet, oder gar Kritik, die verboten wird.

Die Grundannahme der analytischen Psychologie nach Jung lautet, dass psychische Störungen, sehr ähnlich wie in der Psychoanalyse nach Freud, durch einen Konflikt entstehen. Dieser Konflikt ist bestimmt durch die Erfüllung und die Abwehr des Triebes und die Überkompensation von Minderwertigkeitsgefühlen, wie Alfred Adler es in seiner Individualpsychologie betont hat.

Die analytische Psychologie nach C.G. Jung sieht den Beginn psychischer Störungen in der Kindheit. Im Unterschied zur Individualpsychologie oder Freud, können Konflikte aber auch in der Lebensmitte beginnen, hervorgerufen durch den stetigen Prozess der Individuation und neue Lebensziele.

Diese in der Lebensmitte entstehenden Neurosen sind nach Jung Konsequenzen einer zu einseitig vollzogenen Persönlichkeitsentwicklung. Diese Persönlichkeitsentwicklung kann einerseits zu stark extravertiert sein und auf der anderen Seite zu stark introvertiert sein, entweder das Denken, das Fühlen, die Intuition oder das Empfinden werden überbetont oder eingeengt. Wenn eine Persönlichkeit in der ersten Lebenshälfte introvertiert ist, drohen Anpassungsprobleme und auch schnell damit verbunden Realitätsverlust, dem Extrovertierten stehen ganz schnell Selbstentfremdung und Hysterie ins Haus.

Die Idee, Zugang zu diesen Selbstanteilen, Selbstelementen zu bekommen, ist sicher nicht neu, es ist Bedingung dafür, ein ganzer Mensch zu werden, wenn man seine einzelnen Anteile des Selbst kennt, so Jung. Nur derjenige, der bei sich erkennt, dass er Schattenseiten hat, diese Schattenseiten integrieren kann, wird eine „ganze" Persönlichkeit werden; nur der, der dann aber, und das ist mit Jung neu, die unvermeidlichen Archetypen und das kollektive Unbewusste annehmen kann, sich dessen bewusst werden kann, kann eine authentische Individualität aufbauen. Aufgabe des Menschen in der zweiten Lebenshälfte ist es, sich über diese Seelenbestandteile klar zu werden.

Die Charakteristik der Persona wird hauptsächlich durch Anpassung an die gesellschaftlichen Verhältnisse erworben. Persona steht in Jungs Psychologie für denjenigen Teil des Ichs, der für ein normatives, sozialverträgliches Verhalten des Individuums gegenüber seiner Umwelt sorgen soll.

Anpassung an die Gemeinschaft mit ihren Regeln und Normen erfolgt häufig zulasten der Individualität. Die Tatsache einer zu starken Anpassung an soziale Gegebenheiten mit ihren Einschränkungen birgt für das Individuum die Gefahr des Konfliktes mit dem unbewussten individuellen Teil seines Ichs. Persona kann also auch als „äußerer bewusster Charakter" im Gegensatz zum „inneren unbewussten Charakter" beschrieben werden. Der Schatten beginnt sich bereits in den ersten Lebensjahren des Menschen zu entwickeln. Durch die von der Umwelt an das Individuum herangetragenen Anforderungen, Erwartungen, Gebote und Verbote wird nur ein Teil der Persönlichkeit zur Entfaltung zugelassen. Der Schatten wächst parallel zur Persona, gleichsam als deren „Negativ".

Zunächst wird der eigene Schatten gewöhnlich negiert oder aber auf Personen und Objekte außerhalb des eigenen Ichs projiziert. Der Kampf, der Konflikt, die Auseinandersetzung mit dem eigenen Schatten, seine Integration in die Gesamtpersönlichkeit, zählt nach Jung indes zu den zentralen Aufgaben des menschlichen Reifeprozesses und stellt einen unabdingbaren Schritt auf dem Weg zur Ganzwerdung dar, was er Individuation nennt. Als wesentlich ethisch-moralisches Problem verlangt sie vom Individuum immer wieder kräftezehrende seelische Anpassungsleistungen.

Der Volksmund entspricht diesem durch die bekannten Wendungen „über seinen Schatten springen" oder „einen Schatten haben". Wenn die negativen Züge der eigenen Persönlichkeit verdrängt sind, in das Unbewusste verschoben worden sind, entfalten sie dort unbeobachtet und unbeeinflusst erhebliche Wirksamkeit. Nicht selten tauchen sie in Albträumen wieder auf.

Die Integration des Schattens kann auch misslingen und sehr oft kann es zu Projektionen auf andere Personen kommen – dann haben wir es mit dem Sündenbock zu tun, von dem der Volksmund so oft spricht. Es bilden sich die Vorurteile und Phänomene wie Fremdenfeindlichkeit, Rassismus usw.

2.9 Die Lebensaufgabe des Menschen

Die Lebensaufgabe des Menschen ist es, das Gemeinschaftsgefühl auszubilden, das individuelle Verhalten gegenüber der gegenwärtigen und den zukünftigen Generationen verantwortlich und nachhaltig zu leben. In Adlers Individualpsychologie spielen noch zwei weitere existenzielle Antworten eine bedeutende Rolle, die der Mensch im Leben geben muss: die Antwort auf die Art und Weise seiner Tätigkeiten, seinen Beruf, und die Antwort auf die Ich-Du-Beziehung.

Dabei muss ihm bewusst bleiben, dass auch das Schattenhafte, das vertikale Streben in der Gemeinschaft, das auf Selbsterhöhung aus ist, die Kompensation der Minderwertigkeitsgefühle auf Kosten der Gemeinschaft, die Haben-statt-Sein-Modalität, ein Teil seines Wesens ist.

Das Streben der meisten Menschen nach Anerkennung, Geltung, Überlegenheit und Macht (vertikales Streben) als Kompensation des allgegenwärtigen Minderwertigkeitsgefühls ist die egozentrische Antwort auf das Gefühl der Unzulänglichkeit und Minderwertigkeit. Die Aufgabe des (Nachhaltigkeits-) Coachings ist es, das vertikale Streben zugunsten der Entwicklung des Gemeinschaftsgefühls (horizontales Streben) nicht aus dem Auge zu verlieren. Nachhaltigkeit als Einstellung des Individuums, als einer Person zur Verfügung stehende und von ihr genutzte Kompetenz und Handlungsmöglichkeiten bedarf psychologischer Kenntnisse, das zeigen die „Tiefenpsychologischen Theorien" klar auf.

2.10 Das Stufenmodell zur Entwicklung sozialer Kompetenz und Nachhaltigkeit

Das Stufenmodell der psychosozialen Entwicklung ist ein entwicklungspsychologisches Modell des Psychoanalytikers Erik H. Erikson (1902–1994) und seiner Frau und geistigen Weggefährtin Joan Erikson (1903–1997). Erikson beschreibt in seinem Stufenmodell die psychische Entwicklung des Menschen unter sozialem Einfluss – eine psychosoziale Entwicklung des Menschen – und damit seine Haltung zur schicksalhaften Frage der Nachhaltigkeit, dem Handlungsprinzip zur Ressourcen-Nutzung. Diese entfaltet sich seiner Meinung nach im Spannungsfeld zwischen den angeborenen und sozialen Bedürfnissen und Wünschen des Kindes als Individuum und den im Laufe der Entwicklung stets sich verändernden Anforderungen der sozialen Umwelt.

In dieser Entwicklungstheorie spielen die Beziehungen, die Interaktion, das Miteinander des Kindes mit seiner Umwelt die wesentliche Rolle für die psychische Entwicklung. Die von Erikson differenzierten acht Stufen – von denen uns an dieser Stelle vorwiegend die ersten vier interessieren – stellen auch immer eine Krise dar, mit der das Individuum sich aktiv auseinandersetzen muss. Die Bewältigung jeder Krise ist für die nächste Phase insofern hilfreich, da sie das Fundament für die kommenden Phasen darstellt, mit den schon angesammelten Erfahrungen dienlich ist. Die Konflikte jeglicher Phase können nie vollständig bearbeitet werden, sie sind ein Stück weit eine Lebensaufgabe. Es ist für die seelische Entwicklung notwendig, dass sie zu einem gewissen Grad rudimentär bearbeitet sind, damit die nächstfolgende Stufe zu bewältigen ist.

Phase 1 nennt Erikson Ur-Vertrauen versus Ur-Misstrauen, es handelt sich um den Zeitraum des ersten Lebensjahres und steht unter dem Motto: „Ich bin, was man mir gibt." Freud nannte diese Phase nicht unberechtigt „orale Phase", da das Kind die Welt in diesem frühen Lebensstadium durch und mittels des Mundes erfährt. Das fundamentale Gefühl dieser Phase lässt sich als ein „Gefühl des Sich-Verlassen-Dürfens", des Vertrauen-Könnens beschreiben. Welche bedeutende Rolle die Verlässlichkeit der Bezugspersonen spielt, lässt sich erahnen.

Das Bedürfnis des Kindes nach körperlicher Nähe, Sicherheit, Geborgenheit, Nahrung ist das emotionale Fundament, wird es verweigert, nur eingeschränkt erfüllt, entwickelt sich beim Kind das Gefühl, bedroht zu sein, Ängste entstehen. Das Kind verinnerlicht das Gefühl, die es umgebenden Menschen sowie seine Umwelt nicht beeinflussen zu können, letztlich dieser Umwelt hilflos ausgeliefert zu sein. Jetzt ist die Gefahr groß, dass das Ur-Misstrauen ein bleibendes „Hintergrundgefühl" wird. Es entstehen die frühkindlichen Ängste des „Leergelassen-Seins" und „Verlassen-Werdens". Reizhunger, Gier, Leere-Gefühle, Depression, Ur-Misstrauen, starke Abhängigkeitswünsche sind Fixierungen durch zu starke orale Frustration, sie sind die Marker des oralen Charakters.

Phase 2 der Entwicklung nennt Erikson Autonomie vs. Scham und Zweifel (2. bis 3. Lebensjahr). „Ich bin, was ich will", könnte das Motto dieser Phase lauten. Für Erikson ist dieses Stadium entscheidend für das Verhältnis zwischen Liebe und Hass, Bereitwilligkeit und Trotz, freier Selbstäußerung und Gedrücktheit. Erikson schildert hier die zunehmende Autonomieentwicklung des Kindes und ihre Bedeutung für die Manifestierung eines positiven Selbstkonzeptes bzw. einer Identität.

Die frühen Bezugspersonen des Lebens, sprich die Eltern, sind die Garanten für die Ausbildung eines Ur-Vertrauens, sie sind die Voraussetzung für Autonomie, sie wurzelt in einem festen Vertrauen in die frühen Bezugspersonen, hier liegt ihr Fundament, sie setzt also die Bewältigung der Phase „Vertrauen versus Misstrauen" voraus.

Das Kind entwickelt ein Gefühl, auf Entdeckungsreise gehen zu können, seinen Willen zu erproben und durchzusetzen, ohne dass dadurch die erworbene soziale Kompetenz des Sich-Verlassen-Könnens, des Vertrauen-Könnens und Geborgen-Seins in Gefahr gerät. Das Kind wird Schöpfer und beginnt, kreativ selbst etwas zu schaffen. Das persönliche Ausscheiden aus der Fremdbestimmung und Abhängigkeit ist das erste Produkt des Kindes, was es selbst produzieren bzw. kontrollieren kann.

Für das Kind ist sein immer mehr autonomes Verhalten ein Geschenk an die Eltern, ein Dank, eine Geste für die Hilfe und Versorgung, da es doch in den ersten Lebensjahren von Ihnen ganz und gar abhängig ist. Für Erikson spielt das Schamgefühl eine herausragende Rolle. Das Kind entwickelt durch weitgehende oder permanente Einschränkung seines Erkundungsdranges Gefühle des Zweifels und der Scham. Es nimmt seine autonomen Bedürfnisse und Wünsche als nicht akzeptabel wahr. Das charakterliche Ergebnis sind zwanghafte Charakterzüge: kleinlich, geizig in Bezug auf „Von-sich-geben-können", was Liebe, Zeit und Geld angeht; Rechthaberei, Betonung von Recht und Ordnung, Pünktlichkeit und Fleiß; perfektionistische Forderungen und Ansprüche; strenges Gewissen, Unsicherheit und Zweifel an sich selbst; vielerlei Zwänge wie Ordnungszwang, Putzzwang oder Waschzwang.

Phase 3 ist durch den Konflikt Initiative vs. Schuldgefühl geprägt (4. bis 6. Lebensjahr). Erikson findet folgende Überschrift für diese Phase: „Ich bin, was ich mir vorstellen kann zu werden." „Kaum" hat das Kind mit vier oder fünf Jahren zu einer bleibenden Autonomie gefunden, steht es bereits vor der nächsten Entwicklungsherausforderung.

In dieser von Erikson beschriebenen Phase erklärt er das Verhalten der Kinder durch den Ödipuskomplex dominiert. Der Begriff umschreibt die Gesamtheit der ambivalenten Regungen (zugleich zärtliche und feindselige Wünsche), die das Kind während dieser Phase seinen Eltern gegenüber empfindet. Das ganze seelische Geschehen ist im Wesentlichen unbewusst, in diesem richten sich die libidinösen Wünsche des Kindes auf den Elternteil entgegengesetzten Geschlechts und gleichzeitig wird gegenüber dem gleichgeschlechtlichen Elternteil, den es als Rivalen betrachtet, Eifersucht und Hass empfunden.

Mit dem Durchleben dieser kritischen Lebenssituation lernt das Kleinkind auch mit den Schuldgefühlen umzugehen, die die ambivalenten Gefühle wie Liebe und Hass hervorrufen. In dieser Zeit bildet sich – durch diese inneren Konflikte provoziert – das Gewissen aus. Ein effektiver und erfolgreicher Abschluss dieser Stufe ist dann gegeben, wenn das Kind gelernt hat, Initiative in seinem Leben zu ergreifen sowie den Umgang mit seinen Schuldgefühlen zu leben.

Phase 4 beschäftigt sich mit der Gegenüberstellung Werk-Sinn vs. Minderwertigkeitsgefühl (6. Lebensjahr bis Pubertät). Das von Erikson für diese Phase gewählte Motto – „Ich bin, was ich lerne." – umschreibt das Streben des kindlichen Individuums, zuzuschauen, mit-zu-machen, zu beobachten, teil-zu-nehmen, sich zu beschäftigen und mit anderen zusammenzuarbeiten. Die Beobachtung des Bedürfnisses des Kindes, etwas Nützliches und Gutes machen zu wollen, bezeichnet Erikson als Werk-Sinn bzw. Kompetenz.

Das Bedürfnis, an der Welt der Erwachsenen teilnehmen zu dürfen, steigt an, Kinder wollen nicht mehr „so tun, als ob". In dieser Phase des Lebens wollen sie etwas kreieren, schaffen, herstellen, mit den Materialien der Umwelt, ob dafür geeignet oder nicht; sie wollen Anerkennung erhalten, auch für ihre oft spontanen kognitiven Leistungen.

In dieser Phase macht die Entwicklung eines Gefühls der Unzulänglichkeit sich besonders intensiv bemerkbar. Der von Adler eingeführte Begriff der Minderwertigkeitsgefühle ist seiner Meinung nach und gut beobachtbar Triebfeder bei jedem Menschen, denn die ausgleichende, kompensatorische Tätigkeit zwischen dem Gefühl der Unvollkommenheit und dem Streben auf ein Ziel hin ist das treibende Element der Seele. Ist das Minderwertigkeitsgefühl zu stark ausgeprägt, kann sich auf dem Weg der Kompensation ein neurotischer Lebensplan entwickeln. Der Mensch neigt dazu, zumal es in frühester Kindheit schon nahegelegt wird, eine Fiktion zu entwickeln, das Minderwertigkeitsgefühl mit einer mehr oder weniger eingebildeten Überlegenheit kompensieren zu wollen, anstatt einen realistischen und sachgerechten Beitrag zu leisten.

2.11 Geschwisterkonstellation, Charakter und Nachhaltigkeit

Überblick

Es gibt wie immer zwei Meinungen: Die einen sagen, dass Geschwister oft so unterschiedlich sind wie Tag und Nacht, die anderen sagen, sie gleichen sich wie ein Ei dem anderen, nach der Lebensweisheit: „Der Apfel fällt nicht weit vom Stamm."

Es war einer der zentralen Punkte der Individualpsychologie Alfred Adlers, die Familienkonstellation und damit auch die Geschwisterkonstellation im Rahmen seiner Menschenkenntnis zu erforschen. Das Konzept der Individualpsychologie ist, das Individuum im Kontext seiner sozialen Beziehungen und dessen Auseinandersetzung mit seiner Umwelt zu betrachten.

Der Charakter des Menschen wird durch die Sozietät in der frühen Familie stark geprägt – das ist die Erkenntnis der Individualpsychologie. Um langen Ausführungen über Charakter zu entgehen, schließen wir uns der wunderbar treffend kurzen Beschreibung von Amitai Etzioni:

> Wir verstehen unter ‚Charakter' die psychologischen Muskeln, die es einem Menschen erlauben, Impulse zu kontrollieren und Belohnung aufzuschieben, was für Erfolg, Leistung und moralisches Handeln grundlegend ist (Etzioni 1993, S. 91).

Ob wir in den ersten Lebensjahren als Einzelkind oder mit mehreren Geschwistern aufgewachsen sind: Die Familien- und Geschwisterkonstellation hat unseren Charakter geprägt, vor allem in den ersten sechs Jahren. Die Art und Weise zu denken, zu fühlen und zu handeln, gerade was soziale Kompetenz und Verantwortung gegenüber den nachfolgenden Generationen angeht, wird durch diese Position in der frühen Gemeinschaft entscheidend gekennzeichnet.

Die Geschwistertypen

Es gibt verschiedene Geschwistertypen mit einem auffällig „eigenen" Charakter, und es gibt einige Kategorien, die bei der Analyse beachtet werden müssen, sonst wird aus sorgfältiger psychologischer Deskription des Verhaltens schnell Kaffeesatzlesen. Die oft mühselige Deskription von Verhaltensweisen muss angewendet werden, da statistische Methoden aufgrund der Variantenfülle nichts erbringen. So ist es wichtig, wie groß der Abstand zwischen den Geschwistern ist, welches Geschlecht dem anderen folgt, ob die Eltern sich in ihrer Ehe vertragen etc. Ein zweitgeborener Junge mit einem älteren Bruder ist ein anderer Zweitgeborenencharakter als ein zweitgeborener Junge mit älterer Schwester. Genauso tritt eine Variation der Charaktereigenschaften auf, wenn ein Mädchen oder Junge dem Zweitgeborenen folgt, wie groß der Abstand ist, ob mehr oder weniger gewollt, wie groß die Konkurrenz zum gleichgeschlechtlichen Elternteil ist usw.

Das erstgeborene Kind

Das Erstgeborene und dann später – im Prozess der Familiengestaltung – älteste Kind hat zweifellos zu Beginn seines Lebens, noch als Einzelkind, einen großen Vorteil. Wir nehmen folgende Situation prototypisch gesehen an: Die Eltern vertragen sich, das Kind ist nicht erst z. B. nach sieben Jahren des elterlichen Zusammenseins auf die Welt gekommen, sondern relativ früh, mit der Beziehungsschließung verbunden. Das Erstgeborene hat dann den ungeheuren Vorteil, die Aufmerksamkeit der Eltern, der Großeltern, der Verwandtschaft mit niemandem teilen zu müssen.

Aber irgendwann kommt die schwere Stunde der Entthronung. Die Geburt eines Geschwisterchens ändert das Leben radikal. Das erstgeborene Kind macht die wirklich schmerzliche Erfahrung, entthront zu werden. Kompensatorisch, um seine bevorzugte Stellung als eines ehemaligen Einzelkindes, einer Kronprinzessin oder eines Kronprinzen zu festigen, um sich wichtig zu machen, um Bedeutung zu erlangen oder weiter zu behalten, wird es sich um die Betreuung der Geschwisterchen verdient machen. Es wird so ein wenig der verlängerte Arm der Eltern, aber es spielt eben eine große Rolle, dass es gebraucht wird.

Schnell übernehmen die Erstgeborenen Verantwortung, sind zuverlässig, aber auch oberflächlich, es gilt ja, einen Job zu machen, für den man gelobt wird, mit dem Herzen muss man nicht unbedingt dabei sein.

Die Erstgeborenen sind, wenn alles gut geht, Führungspersönlichkeiten, natürliche Führung haben sie früh gelernt, und deshalb findet man auch unter späteren erwachsenen Führungspersönlichkeiten oft Erstgeborene – es ist für sie nicht sehr schwer, sich in eine Führungsrolle zu begeben, wenn auch nicht immer nach den Regeln, die in irgendwelchen Büchern gepredigt werden. In vielen Untersuchungen hat sich erwiesen, dass Erstgeborene unter Führungspersönlichkeiten überrepräsentiert sind.

Diese typischen Charaktereigenschaften der Erstgeborenen und Ältesten sind natürlich auch im späteren Leben zu beobachten. Die Erstgeborenen gehen gerne über ihre eigenen Gefühle, aber auch die Gefühle anderer hinweg, wenn es darum geht, einen, nämlich ihren, Job zu machen. Sie wirken dabei nicht immer gefühlsbetont, denn auf Gefühle können sie nicht immer Rücksicht nehmen

Das „mittlere" Kind

In der psychologischen Literatur geistert ein Begriff herum, der des sogenannten Sandwich-Kindes – dieses soll das mittlere Kind sein, was einen ganz bestimmten Charakter hat. Diese Bezeichnung kann man für irrig halten.

Diese Kinder werden auch oft die ewigen Zweiten genannt, was für noch viel abenteuerlicher gehalten werden muss. Keine Frage: Es handelt sich hier um die zweiten Kinder und ihnen folgen, wenn es mittlere Kinder sein sollen, auch noch andere nach. Doch, wie schon gesagt, kommt es eigentlich darauf an, welches Geschlecht diese Kinder haben, und zwar sowohl in Beziehung nach „oben" als auch nach „unten", was heißt: Welches Geschlecht haben das erstgeborene sowie das folgende Kind und welche Altersabstände gibt es? Zumal: Systemisch sind mittlere Kinder im Prozess gesehen erst zweite und damit vorläufig auch letzte, bevor sie wirklich zweite werden, den Status des Letzten verlieren und ein jüngeres Geschwister bekommen. Gehen wir wieder vom prototypischen Abstand von circa zwei Jahren aus, dann ergibt sich doch ein anderes Bild.

Als falsch kann die Aussage bezeichnet werden, dass diese Kinder prädestiniert in der Lage sind, ausgleichend zu wirken, ohne die Motivation hierzu zu nennen, denn die Motivation ist zweifellos Ehrgeiz, eine bestimmte Rolle einzunehmen, Respekt zu genießen und Anerkennung zu finden, d. h., sie sind viel eher gute Diplomaten als besonders friedliebend, denn sie haben gelernt zu kämpfen. Sie müssen mit einem älteren Geschwister wetteifern und kämpfen, um Anerkennung zu bekommen, besonders wichtig eben dann, wenn dieses das gleiche Geschlecht hat, denn insbesondere dann müssen die Kinder eine Leistung erbringen, die „besser" erscheint als die eines älteren Kindes, das bereits schon zwei Jahre auf der Welt ist. Bei einem mittleren Kind kommt es immer auch darauf an, ob es der einzige Junge ist oder das einzige Mädchen, denn dann ist es sozusagen der kleine Prinz oder die kleine Prinzessin.

Das Nesthäkchen
Das nächste Kind bekommt im Gegensatz zur landläufigen Meinung eben nicht besonders viel Aufmerksamkeit, es ist zwar zeitlebens das jüngste und vermeintlich schwächste, jedoch gibt es eben auch schon andere Kinder, die Zeit der Aufmerksamkeit ist sozusagen schnell vorbei und dann müssen diese Kinder auch eine Leistung zeigen, die in der Geschwisterschar auffällt. Was soll das wohl schon sein?

Nesthäkchen bezeichnet: bei Geschwistern also das jüngste, letztgeborene Kind, das als letztes „aus dem Nest fliegt"; alles in dieser Familie ist bereits, um es so zu sagen, „besetzt", die älteren können bereits alle Sportarten ausüben, können lesen, schreiben, vielleicht schon Fremdsprachen, das Nesthäkchen kann jetzt nur noch damit glänzen, besonders klug zu sein, klüger jedenfalls als die älteren. So erscheinen sie naseweis.

Als Besserwisser wird ihnen auf Dauer zugestanden, tatsächlich etwas von ihrem Thema zu verstehen. Ihre Äußerungen werden aber oft als Angriff auf Autoritätsstrukturen empfunden, welche von den anderen Beteiligten stillschweigend anerkannt werden. Nicht selten werden große Teile des Wissens nur vorgetäuscht. Oftmals ist es auch den Betroffenen selbst gar nicht bewusst, dass sie sich der Forderung, den Beweis anzutreten, entziehen und durch rhetorische Mittel und Scheinargumente nur noch verteidigen.

Dieses letzte Kind ist auch nicht besonders kontaktfähig und selbstständig, wie sollte es das auch jemals lernen, fühlt es sich doch eher allein gelassen und muss sich alles selbst erarbeiten oder mit Klugheit glänzen. Das jüngste muss kreativ sein, es muss sich geradezu exotische Kreativität aneignen, um die älteren zu überholen, zu besiegen, zu übertreffen.

Das Einzelkind

Das Einzelkind, oft auch als Kronprinz oder Kronprinzessin bezeichnet, ist das Kind, um das sich prototypisch alles dreht. Das Selbstbewusstsein der Einzelkinder scheint immer sehr stark zu sein, zumal die Zuwendung durch die Umgebung unendlich erscheint.

Die soziale Kompetenz, die von einem Einzelkind selten verlangt wird, da es immer im Mittelpunkt steht, ist nicht gerade auf dem Zenit dessen, was man erreichen kann. Die Einzelkinder müssen nicht um Bedürfnisse kämpfen und Konflikte mit Gleichaltrigen austragen.

Enkulturation und Nachhaltigkeit

Enkulturation („in eine Kultur einbinden"), meint das unmerkliche Hereinwachsen in die jeweilige eigene Kultur. Enkulturation beinhaltet die automatische wie auch die gesteuerte Verinnerlichung einer Kultur – und als Prozess damit auch Nachhaltigkeit als Einstellung zu, als Weg für nachfolgende Generationen, als Sinnbild für eine Welt, in der die Ökonomie die Chancen der nachfolgenden Generationen nicht mindert.

Wir nehmen Nachhaltigkeit als beständigen Bestandteil der Enkulturation nicht wahr, weil Nachhaltigkeit vom jahrhundertealten Selbstverständnis eines beherrschenden Win-win-Denkens verdeckt ist.

Der oft funktionierende Austausch von Waren und Kultur unter den Völkern wurde und wird ermöglicht durch nachhaltiges Denken. Der Handel führte zu interkulturellem Lernen, getragen von der Energie, Nachhaltigkeit des Handels zu nachhaltigem Erfolg zu verhelfen. Nachhaltigkeit ist ein Handlungsprinzip zur Nutzung von Ressourcen, aber auch Handlungsabläufen auf Gegenseitigkeit, bei dem die Bewahrung des jeweiligen Systems im Vordergrund steht. Aber nicht selten dominierende kurzsichtige Kultur-Zentriertheit, Ethnozentrismus, Rassismus und Nationalismus verhinderten und verhindern immer wieder Nachhaltigkeit.

Personalisation als Steuerung der eigenen Triebstrukturen fördert oder verhindert verantwortliches Feedback für das Individuum auf die Forderungen nach Nachhaltigkeit – einer heute globalisierten – Gesellschaft und Kultur.

Das Individuum hat die Vielzahl der Verhaltenserwartungen und die des kategorischen Imperatives und damit des nachhaltigen Denkens miteinander zu vergleichen und zu beurteilen: „Handle nur nach derjenigen Maxime, durch die du zugleich wollen kannst, dass sie ein allgemeines Gesetz werde" (Kant 1797, S. 51).

Die Personalisation als Selbstfindung findet im Rahmen der Sozialisation und Enkulturation statt und ist letztlich mit der Individuation C.G. Jungs zu sehen. Im Rahmen dieser Prozesse sollte der Mensch drei Lebensaufgaben bewältigen, die nach Adler als Ich-Du-Beziehung, als Beruf-Berufung und Gemeinschaftsgefühl umschrieben werden können. Selbstverwirklichung steht für die Realisierung eigener Ziele, Wünsche und Sehnsüchte im Rahmen dieser Prozesse. Der Begriff „Selbstverwirklichung" hat einen negativen Beiklang im Sinne von Egoismus.

2.12   Abraham Maslows Bedürfnispyramide

Die Bedürfnispyramide des US-amerikanischen Psychologen Abraham Maslow (1908–1970) beschreibt menschliche Bedürfnisse und Motivationen in einer hierarchischen Struktur, Bestandteil dieser Struktur ist „Selbstverwirklichung" in prominenter Bewertung (s. Maslow 1954). Diese Struktur von unterschiedlichen Bedürfnissen wurde von Werner Correll im Rahmen eines eigenen psychologischen Modells in Form einer Pyramide dargestellt.

Maslow ordnete die Bedürfnisse zunächst nach fünf größeren Kategorien. Danach unterteilte er die ersten vier Kategorien weiter in „Defizit- oder Mangelbedürfnisse" sowie die letzte Kategorie in „Wachstumsbedürfnisse oder unstillbare Bedürfnisse". Er begründete dies mit dem Argument, dass die Nichtbefriedigung der „unteren" grundlegenden Bedürfnisse psychische oder physische Störungen hervorrufe, wohingegen Wachstumsbedürfnisse nicht wirklich und endgültig befriedigt werden können.

Bleibt ein Bedürfnis unbefriedigt, aktiviert und beeinflusst es das Handeln, mit zunehmender Befriedigung nimmt die motivierende Kraft des Bedürfnisses ab.

Maslow differenziert also:

Physiologische Bedürfnisse
Zu den physiologischen Bedürfnissen zählt Maslow die Elementarbedürfnisse des Menschen, die der Körper zum großen Teil selbst reguliert. Saubere Luft, gesundes Essen und Trinken, ausreichender Schlaf und vieles mehr zählen dazu.

Sicherheitsbedürfnisse
Geht das Sicherheitsstreben in zwanghaftes Verhalten über, was durch überzogene Rituale und Regeln, die Welt zu ordnen und zu regeln, damit alles Unbekannte und Unerwartete verschwindet, charakterisiert ist, ist die neurotische Ausrichtung dieser Kategorie erreicht.

Soziale Bedürfnisse
Dies lassen sich als Wunsch nach sozialen Beziehungen beschreiben, der Suche
nach Freunden, einem geliebten Menschen sowie eine bestimmte soziale Rolle zu
erfüllen, sich einen Platz in der Gesellschaft zu sichern.

Individualbedürfnisse
Diese Bedürfnisse können in zwei Untergruppen eingeteilt werden, so Maslow.
Diese sind erstens der Wunsch nach Kraft, Leistung, Vertrauen in die Welt, Unabhängigkeit und Freiheit; zweitens, was man Ruf nach Reputation oder Prestige
nennen kann oder als Respekt oder Wertschätzung von anderen Menschen, Anerkennung, Aufmerksamkeit, Bedeutung oder Wertschätzung.

Diese Individualbedürfnisse sind nach Maslow der Persönlichkeit zuzuschrei-
ben, die ihre Minderwertigkeitsgefühle in überzogenem Maße lebt. Die Zufrie-
denheit des Selbstwertgefühls führt zu Gefühlen von Selbstvertrauen, Wert, Kraft,
Leistungsfähigkeit und Angemessenheit, nützlich und notwendig in der Welt zu
sein. Aber das Vereiteln dieser Bedürfnisse erzeugt Gefühle der Minderwertigkeit,
der Schwäche und der Hilflosigkeit. Diese Gefühle wiederum führen entweder zu
einer grundlegenden Entmutigung oder zu neurotischen Trends.

Selbstverwirklichung
Wenn alle vorher genannten Bedürfnisse – im Großen und Ganzen – befriedigt
sind, erwacht nach Maslow eine neue Unruhe und Unzufriedenheit im Menschen.
Der Wunsch, eigene Kompetenzen, die anlagebedingt sind, auszuschöpfen, das zu
werden, was vom vorhandenen Potenzial her überhaupt möglich ist, drängt den
Menschen dazu zu handeln.

Transzendenz
1970 erfuhr die Bedürfnishierarchie eine Erweiterung. Die oberste Stufe der Hierarchie ist nun die „Transzendenz", die Suche nach einer das individuelle Selbst
überschreitenden Dimension (s. Maslow 1971). Die Ur-Erfahrung der Menschen,
die sich in dem Begriff „panta rhei" [altgriechisch πάντα ῥεῖ „alles fließt"] wider-
spiegelt, und das „Platonische" „Ich weiß, dass ich nicht weiß" leiten die Zuwendung des Individuums verstärkt zu den Mitmenschen, zur Gemeinschaft und
Nachhaltigkeit.

2.13 Selbsterkenntnis, Coaching und Nachhaltigkeit

Die Erkenntnis eines Individuums über das eigene Selbst ist eine grundlegende menschliche Fähigkeit, denn der Mensch ist nach Kant das Wesen, das sich selbst zum Objekt seines Denkens machen kann.

Selbsterkenntnis, Selbstreflexion, das Nachdenken über sich selbst, Selbstkritik, kritisches Hinterfragen und Beurteilen des eigenen Denkens, der eigenen Standpunkte und Handlungen sind verwandte Vorgänge und Voraussetzung des Verstehens anderer Menschen. Die Fähigkeit zur Selbsterkenntnis setzt die Existenz von Selbstbewusstsein voraus.

Selbsterkenntnis als unabdingbarer Bestandteil von Bildung ist immer auch Beurteilung der Eigenschaften des Menschen, seiner Dispositionen, Kräfte, Werte. Diese erkennt der Mensch aus der Beobachtung der Aktionen und Reaktionen des Ich im Leben, in der sozialen Welt-Gemeinschaft. Schon Sokrates erkannte, dass Selbsterkenntnis Voraussetzung für die Sittlichkeit ist. Sie ist auch Warnung vor der Hybris, der Überschätzung individueller Fähigkeiten, und mahnt, sich stets bewusst zu sein, dass der Mensch sterblich, unvollkommen und begrenzt sei.

Die Tiefenpsychologien von Freud, Adler und Jung bezeichnen mit Selbsterkenntnis die aufgeklärten Vorstellungen, das Bewusstsein der Menschen über sich selbst, über die eigenen psychischen Fähigkeiten, Möglichkeiten sowie Realitäten. Die Kompetenz zur Selbsterkenntnis und Selbstreflexion ist im Rahmen des Coachingprozesses wie auch psychoanalytischer Methoden unabdingbare Voraussetzung. Der Erfolg des Coachings oder jeglicher „Aufklärungsarbeit" wird durch innere Widerstände, die sich dem Anerkennen unangenehmer Details der eigenen Persönlichkeit oder der Umwelt widersetzen, erschwert.

Die Rolle und Bedeutung des Coachings
Der Fokus von Führungskräften verschiebt sich weg von fachlichen Themen hin zur Mitarbeiterorientierung. Gleichzeitig besteht hinsichtlich der Mitarbeiterorientierung der größte Handlungsbedarf. Mangelnde Zeit für Führungsaufgaben ist das Problem Nummer eins. Coaching muss die Aufgaben von Führung teilweise übernehmen. Konkrete Gründe für ein nachhaltiges Coaching sind:

- Optimierung der sozialen Kompetenzen
- Optimierung der Management- und Führungskompetenzen
- Bewusstwerdung und Auflösen unangemessener Verhaltens-, Wahrnehmungs- und Beurteilungstendenzen

- Beseitigung von Leistungsblockaden, Kreativitäts- und Motivationsblockaden und damit der „Inneren Kündigung"
- Erweiterung des Verhaltensrepertoires
- Umgang mit individuellen Krisen
- Bearbeitung von durch Organisationsstrukturen bedingten Problemen, z. B. der Umgang mit neuen Rollen, Integration neuer Mitarbeiter
- Vorbereitung auf neue Aufgaben und Situationen
- Umgang mit individueller Entwicklung (Karrierestillstand)
- Unterstützung bei Einführung/Veränderung eines Führungsstils
- Förderung von Teamarbeit, bereichsübergreifenden Arbeitsgruppen und Projekten
- Konfliktbearbeitung für Einzelne oder innerhalb von Gruppen
- Bearbeiten von Diskrepanzen zwischen formulierter Unternehmenskultur und beobachtbarem Verhalten der Mitarbeiter

Motivation, Nachhaltigkeit und Menschkenntnis

Motive sind der handlungsleitende, richtungsgebende, antreibende seelische Hintergrund menschlichen Handelns. Eine bedeutende Rolle hinsichtlich der Motivation scheinen auch die Emotionen zu spielen.

Die Häufigkeit von Handlungen nimmt bei denjenigen Menschen deutlich zu, die Lust bei den Handlungen empfunden haben. Sie vermeiden solche, bei denen Unlust auftritt. Kognitionen prüfen die Realisierungschancen und spielen ebenfalls hinsichtlich des Verhaltens eine große Rolle. Lebewesen lassen sich also nicht ausschließlich von Motiven leiten, sondern „berechnen" Umstände mit ein, die fördernd und hemmend sein könnten.

Motivation ist ein Zustand der Bewegung, des Angetrieben-Seins, der Zuwendung und der Aktion in eine bestimmte Richtung. Diese Aktion kann Selbst-Zweck sein, im Falle der Nachhaltigkeit würde das bedeuten, dass man sich der Nachhaltigkeit voll und ganz widmet, oder aber sie kann Mittel zu einem anderen Zweck sein, zum Beispiel zur Förderung der eigenen Karriere.

Wie können wir die Motivationen bei Mitarbeitern oder Kunden erkennen? Es gilt nun, an diese zum Teil im Unbewussten des Menschen liegenden Bedürfnisse anzuknüpfen, um eine Erkenntnis, eine moralisch-ethische Forderung und Notwendigkeit wie der Nachhaltigkeit attraktiv werden zu lassen, das heißt um Nachhaltigkeit, nachhaltiges Verhalten als Mittel zur Befriedigung eines Bedürfnisses erfahren zu lassen. Denken wir an das Ziel Nachhaltigkeit, das den Mitarbeitern eines Unternehmens ans Herz gelegt werden soll: Eine Führungskraft wird dies ganz anders tun, wenn sie weiß, dass der Gesprächspartner in erster Linie nach

Sicherheit strebt, das heißt von dem Bedürfnis nach Sicherheit angetrieben wird, oder wenn er mehr das Bedürfnis nach Prestige und sozialer Anerkennung hat.

Weil nun aber praktisch unendlich viele Motive in einer praktischen Situation wirksam sein können, entsteht die Frage, ob nicht diese unendlich vielen Motive auf eine überschaubare Anzahl von in der Praxis beobachtbaren Motiven reduziert werden können und dadurch zwar keine ganz exakte Anknüpfung, aber doch eine ungefähre Verknüpfung der Maßnahmen mit den Erwartungen zu erreichen ist.

Man kann folgende Richtungen der Motivationsforschung erkennen: Auf der einen Seite haben wir die monistischen Richtungen, die versuchen, die Vielfalt der Motive auf ein einziges oder doch vorherrschendes Motiv zu reduzieren, und auf der anderen Seite haben wir die pluralistischen Richtungen, die versuchen, innerhalb der bestehenden Vielfalt der Motive eine gewisse Ordnung oder Systematik herzustellen. Während Freud als das grundlegende Grundbedürfnis des Menschen die Sexualität ansah und alle einzelnen Wünsche des Menschen auf die Wirksamkeit der Sexualität zurückführte, war sein Mitstreiter Adler der Meinung, dass der Mensch mehr nach Geltung, Überlegenheit und sozialer Anerkennung strebt.

Abraham Maslows Hierarchie der Bedürfnisse ist eine der bekanntesten Motivationstheorien der letzten Jahrzehnte. Er geht davon aus, dass die physiologischen Bedürfnisse die dringlichsten aller Bedürfnisse sind. Eine Person, der Nahrung, Sicherheit, Liebe und Wertschätzung gleichermaßen fehlen, würde höchstwahrscheinlich für Lebensmittel stärker „hungern" als für alles andere, so Maslow.

Wenn alle Bedürfnisse unbefriedigt sind und der Organismus dann durch die physiologischen Bedürfnisse dominiert wird, können alle anderen Bedürfnisse einfach nicht existieren oder werden in den Hintergrund geschoben. Es ist dann korrekt, den ganzen Organismus zu charakterisieren, indem man einfach sagt, dass er/sie hungrig ist, denn das Bewusstsein ist fast vollständig vom Hunger beherrscht und alle Kapazitäten werden in den Dienst des Hungerstillens gestellt.

Für solch einen chronisch und extrem hungrigen Menschen kann Utopia ganz einfach als ein Ort definiert werden, an dem es viel zu essen gibt. Das Leben selbst wird in Bezug auf Essen definiert. Alles andere wird als unwichtig bewertet. Freiheit, Liebe, Gemeinschaftsgefühl, Respekt, Philosophie können alle als Tand beiseite geschoben werden, der nutzlos ist, da er den Magen nicht füllt. Solch ein Mensch kann ziemlich vom Brot allein leben.

Aber was passiert mit den Wünschen des Menschen, wenn es viel Brot gibt und wenn sein Bauch chronisch gefüllt ist? Sofort treten andere (und höhere) Bedürfnisse auf, die anstelle von physiologischem Hungern den Organismus dominieren. Und wenn diese wiederum befriedigt sind, entstehen wieder neue (und noch höhere) Bedürfnisse und so weiter. Damit sind also die grundlegenden menschlichen Bedürfnisse zu einer Hierarchie der relativen Vorherrschaft organisiert.

Nach unserer Meinung gibt es jedoch eine große Reihe von psychischen Bedürfnisse, die insgesamt gesehen mächtiger werden können als die körperlichen Bedürfnisse. Dies kommt darin zum Ausdruck, dass man sich um eines psychischen Bedürfnisses willen körperlich völlig ruinieren kann, was bei Hungerstreiks und Ähnlichem deutlich wird, oder dass man seine physische Existenz sogar gänzlich auslöschen kann, um ein psychisches Bedürfnis zum Durchbruch zu bringen.

Auch das Streben des Menschen nach religiösen und politischen idealen, das Verlangen nach der Durchsetzung eigener Entschlüsse ist ein beredtes Zeugnis für die gelegentliche Über-Macht psychischer Bedürfnisse. Schließlich kann man einen Menschen meist nicht unter dem Blickwinkel eines einzigen Bedürfnisses alleine begreifen, denn der Schritt der Kompensation und Überkompensation führt zu unterschiedlichen Zeiten doch zu unterschiedlichen Bedürfnisbefriedigungen. Der Mensch strebt immer nach denjenigen Dingen und Zustände, die er gerade nicht besitzt, er ist immer im Streben gefangen, weil er immer irgendetwas nicht oder nicht in genügendem Maße zu besitzen glaubt, und seine Fantasie eilt in der Regel der Wirklichkeit weit voraus.

In Anlehnung an Maslow kommt Werner Correll demzufolge zu fünf Bedürfnissen, die jedoch keinen Allgemeingültigkeitsanspruch haben sollen, sondern lediglich jetzt und hier gelten, weil entsprechende soziokulturelle Umstände diese begünstigen. Die Bedürfnisse lassen sich in einer Pyramide darstellen, während Maslow nur von einer Hierarchie spricht. An der Spitze steht nach Correll jeweils ein Bedürfnis Nummer eins, dessen Befriedigung am längsten vorenthalten worden ist und das in dem Fall am dringlichsten befriedigt werden muss. Im Gegensatz zu Maslow benennt Correll also nicht eine Nr. 1 oder Nr. 2, sondern es ist ein dynamisch sich veränderndes Gebilde. Die Bedürfnisse sind zwar hierarchisch geordnet, aber diese Hierarchie ist nicht statisch, sondern dynamisch. Sie befindet sich in einem dauernden Wechsel und einer dauernden Umstrukturierung.

Der Mensch, den wir hier, in diesem Beispiel, als nach Anerkennung Strebenden bezeichnen, hat ein auffälliges Erscheinungsbild, er/sie ist es gewohnt, Initiative zu übernehmen, steht für extravagante Hobbys und glaubt viel, wenn nicht sogar alles, zu wissen. Ein nach Anerkennung strebender Mitarbeiter müsste, um motiviert zu werden, auf das Prestige und die Exklusivität seiner Aufgabe hinsichtlich der Nachhaltigkeit hingewiesen werden, wortwörtlich könnte der Satz fallen: „Sie sind hier genau der richtige für dieses wichtige Projekt.“

Auch hier müssen wir darauf hinweisen, dass wir Motivation manipulativ gebrauchen. Wir gehen davon aus, dass derjenige sich selbst nicht seiner Motivation bewusst ist, ganz im Gegenteil sich mit ihr identifiziert, es kann höchstens von einem Ego-Bewusstsein die Rede sein. In einem ersten Schritt wäre es möglich, Menschen über ihre eigenen Motive aufzuklären, dann würde ein wirklich bewusster Mensch, ein Mensch, der sich seiner Identifikationen bewusst ist, eine derartige Motivation durchschauen oder nicht brauchen.

Ein nach Sicherheit strebender Mitarbeiter hat ein eher konservatives Erscheinungsbild, er/sie verhält sich zurückhaltend, vorsichtig, ängstlich, seine/ihre Hobbys sind eher handwerklich anzusiedeln oder auch in einem Sammelbereich, z. B. Sonderbriefmarken. Einem solchen Mitarbeiter müssen viele Informationen gegeben werden, d. h. er wäre eher mit Sätzen zu motivieren wie: „Jederzeit können Sie mich fragen.", „Sie können immer auf Informationen zurückgreifen.", „Die Aufgabe, die sie haben, hat weniger Risiko und erhöht die Sicherheit und Qualität."

Ein nach Vertrauen suchender Mensch tritt konventionell und solide auf, ist eher ein Team-Mensch und bevorzugt als Hobby Freizeit mit Familie oder ist in Vereinen verwurzelt. Diesem Menschen muss man zeigen, dass seine Aufgabe der Führungspersönlichkeit persönlich am Herzen liegt, Nutzen für das ganze Team bringt, was schon frühere Erfahrungen beweisen, all dieses schafft Vertrauen.

Ein nach Selbstachtung strebender Mensch tritt „ordentlich" und korrekt auf, er/sie wirkt eher pedantisch, hat Hobbys, mit denen er/sie sich für andere engagiert, die Lebenseinstellung ist eher pessimistisch. Einem solchen Mitarbeiter müssen Details für seine Aufgabe gegeben werden, möglichst viele Details, er/sie braucht eine Lösung, die präzise und wichtig ist, und der wortwörtliche Satz wäre: „Bitte überprüfen Sie alle Aufträge, dann können wir sicher dem Kunden begegnen."

Ein nach Unabhängigkeit strebender Mitarbeiter tritt lässig und positiv auf, verhält sich tolerant und konstruktiv, hat vielseitige Hobbys und reist gerne. Im Umgang mit ihr/ihm muss die Aufgabe so erklärt werden, dass wesentliche Zusammenhänge deutlich werden, sie/er kann durch Lösungen und Ergebnisse motiviert werden, der wörtliche Satz an sie/ihn könnte lauten: „Der Kunde braucht Berechnungen, sonst geht er zur Konkurrenz, der Auftrag ist so wichtig, ich zähle auf Sie."

Was Sie aus diesem *essential* mitnehmen können

- Das klassische Management muss Nachlernen, um nachhaltig wirtschaften zu können.
- Die Psychologie beeinflusst uns mehr, als uns manchmal lieb und bewusst ist.
- Zu einer nachhaltigen Wirtschaftsweise gibt es keine Alternativen.
- Das psychologische Managementcoaching stellt eine wirksame Methode dar.
- Motivierte Menschen leisten mehr – nicht nur für die Nachhaltigkeit.

© Springer Fachmedien Wiesbaden GmbH 2018

45

R. Pfennig und E. Müller-Schoppen, *Nachhaltigkeitsmanagement für Führungskräfte*, essentials, https://doi.org/10.1007/978-3-658-20395-5

Literatur

Adler, A. (1927). *Menschenkenntnis*. Göttingen: Vandenhoeck & Ruprecht (2016).

Baldegger, U., & Furtner, M. (2016). *Self-Leadership und Führung Theorien, Modelle und praktische Umsetzung* (2. Aufl.). Wiesbaden: Springer.

Bauer, J. (2014). *Prinzip Menschlichkeit – Warum wir von Natur aus kooperieren* (7. Aufl.). München: Heyne.

Baumeister, R. F., et al. (Hrsg.). (2004). *Handbook of Self-Regulation*. New York: Guilford.

Berne, E. (1961). *Die Transaktions-Analyse in der Psychotherapie: Eine systematische Individual- und Sozialpsychiatrie*. Originaltitel: übersetzt von Ulrike Müller (2006) Transactional analysis in psychotherapy: A systematic individual and social psychiatry. Paderborn: Junfermann

Berne, E. (2005). *Transaktionsanalyse der Intuition. Ein Beitrag zur Ich-Psychologie*. Paderborn: Junfermann.

Clay, R. J. (1977). *A validation study of Maslow's hierarchy of needs theory*, Research Report.

Dillerup, R., & Stoi, R. (2016). *Unternehmensführung: Management & Leadership* (5. Aufl.). München: Vahlen.

Ekardt, F. (2010). *Das Prinzip Nachhaltigkeit. Generationengerechtigkeit und globale Gerechtigkeit* (2. Aufl.). München: Beck (Beck'sche Reihe 1628).

Elhardt, S. (2006). *Tiefenpsychologie. Eine Einführung* (16. Aufl.). Stuttgart: Kohlhammer.

Etzioni, A. (1993). *The spirit of community: The reinvention of American society*. New York: Touchstone.

Göbel, E. (2013). *Unternehmensethik* (3. Aufl.). Konstanz: UVK.

Grober, U. (2010). *Die Entdeckung der Nachhaltigkeit – Kulturgeschichte eines Begriffs*. München: Kunstmann.

Jung, C. G. (1928). *Die Beziehungen zwischen dem Ich und dem Unbewussten* (4. Aufl.). München: dtv (Erstveröffentlichung 1990).

Kant, I. (1797). *Kritik der praktischen Vernunft. Grundlegung zur Metaphysik der Sitten, Werkausgabe* (3. Aufl., Bd. VII). Frankfurt a. M.: Suhrkamp (Erstveröffentlichung 1977).

Kopp, U., & Martinuzzi, A. (2013). Teaching sustainability leaders in systems thinking, special Issue – Selected papers of the 1st business systems laboratory international symposium. *Business Systems Review, 2*(2), 191–215.

© Springer Fachmedien Wiesbaden GmbH 2018
R. Pfennig und E. Müller-Schoppen, *Nachhaltigkeitsmanagement für Führungskräfte*, essentials, https://doi.org/10.1007/978-3-658-20395-5

Lorz, S., & Schneeberger, T. (2016). *Nachhaltigkeit vs. Wirtschaftswachstum*. http://www.post-wachstum.de/nachhaltigkeit-vs-wirtschaftswachstum-20160701. Zugegriffen: 29. Okt. 2017.

Mackenthun, G. (2013). *Grundlagen der Tiefenpsychologie*. Gießen: Psychosozial.

Maslow, A. (1954). *Motivation and personality*. New York: Harper & Row (überarbeitete Ausgabe: ebd. (Erstveröffentlichung 1970)).

Maslow, A. (1962). *Toward a psychology of being*. Princeton: D. Van Nostrand.

Maslow, A. (1971). *The farther reaches of human nature*. New York: Viking.

Maslow, A. (1977). *Motivation und Persönlichkeit*. Olten: Rowohlt (Walter – Neuauflage).

Maslow, A. (Hrsg.). (1959). *New knowledge in human values*. New York: Harper & Row.

Müller-Christ, G. (2014). *Nachhaltiges Management – Einführung in Ressourcenorientierung und widersprüchliche Managementrationalitäten* (2. Aufl.). Baden-Baden: Nomos.

Nachhaltigkeitslexikon. (2017). http://nachhaltigkeit.info. Zugegriffen: 23. Aug. 2017.

Paech, N. (2009). Die Postwachstumsökonomie – Ein Vademecum. *Zeitschrift für Sozialökonomie, 46*(160–161), 28–31.

Paech, N. (2011). *Nachhaltigkeit oder Wachstum – Beides ist nicht zu haben*. Vortrag an der Hochschule Heilbronn zum Tag der Nachhaltigkeit am 26.10.2011. https://www.hs-heilbronn.de/2967974/Vortrag_Paech.pdf. Zugegriffen: 23. Aug. 2017.

Paech, N. (2017). *Postwachstumsökonomie*. http://www.postwachstumsoekonomie.de/material/grundzuege/. Zugegriffen: 23. Aug. 2017.

Pieper, A., & Thurnherr, U. (Hrsg.). (1998). *Angewandte Ethik. Eine Einführung*. München: Beck.

Pufé, I. (2014). *Nachhaltigkeit* (2. Aufl.). Konstanz: UVK.

Pufé, I. (2017). *Nachhaltigkeit* (3. Aufl.). Konstanz: UVK.

Rattner, J. (1995). *Klassiker der Psychoanalyse*. Weinheim: Beltz.

Rosenthal, S. A., & Pittinsky, T. L. (2006). Narcissistic leadership. *The leadership quarterly, 17*, 617–633.

Schmelzer, M. (2015). Spielarten der Wachstumskritik. Degrowth, Klimagerechtigkeit, Subsistenz – Eine Einführung in die Begriffe und Ansätze der Postwachstumsbewegung. In Le Monde diplomatique (Hrsg.), *Atlas der Globalisierung. Weniger wird mehr*. Berlin: TAZ.

Spindler, E. A. (o. J.). *Geschichte der Nachhaltigkeit – Vom Werden und Wirken eines beliebten Begriffes*. https://www.google.de/url?sa=t&rct=j&q=&esrc=s&source=web&cd=1&cad=rja&uact=8&ved=0ahUKEwimjdSZzZXXAhXF1hoKHZrJBQwQFggxMAA&url=https%3A%2F%2Fwww.nachhaltigkeit.info%2Fmedia%2F1326279587phpeJPyvC.pdf&usg=AOvVaw3KXTN7Oev16ppaow8f0eUQ. Zugegriffen: 29. Okt. 2017.

Wirtschaftslexikon. (2017). http://wirtschaftslexikon.gabler.de. Zugegriffen: 23. Aug. 2017.